FACULTÉ DE DROIT DE L'UNIVERSITÉ DE PARIS

LE DIVORCE

PAR CONSENTEMENT MUTUEL

THÈSE POUR LE DOCTORAT

Présentée et soutenue le Vendredi 16 Juin 1911, à 1 h. 1/2

PAR

André BERNARD

Président : M. A. COLIN, *professeur*

Suffragants { MM. LESEUR, *professeur*
              MAY, *professeur*

PARIS

JOUVE & Cᵉ, ÉDITEURS

15, RUE RACINE, 15

1911

THÈSE

POUR

LE DOCTORAT

FACULTÉ DE DROIT DE L'UNIVERSITÉ DE PARIS

LE DIVORCE

PAR CONSENTEMENT MUTUEL

THÈSE POUR LE DOCTORAT

Présentée et soutenue le Vendredi 16 Juin 1911, à 1 h. 1/2

PAR

André BERNARD

Président : M. A. COLIN, *professeur*

Suffragants { MM. LESEUR, *professeur*

MAY, *professeur*

PARIS

JOUVE & Cie, ÉDITEURS

15, RUE RACINE, 15

1911

BIBLIOGRAPHIE

GLASSON. — Le Mariage civil et le divorce.

DALLOZ. — V. Séparation de corps, et D. 1884, IVᵉ partie,
p. 97.

MARTIN (Olivier). — La Crise du mariage dans la législation
intermédiaire, 1789-1804. Thèse de Paris, 1901.

Moniteur et Officiel : Documents législatifs, rapports et discours.

MAVIDAL et LAURENT. — Les Archives parlementaires.

LOCRÉ. — Travaux préparatoires du Code civil.

LEFEBVRE. — Leçons d'introduction générale à l'histoire du
droit matrimonial français, 1900.

ESMEIN, — Le Mariage en droit canonique.

BARANOWSKI DE RAWIEZ. — Le Divorce par consentement
mutuel Thèse de licence de l'Université de Lau-
sanne, 1898.

NAQUET (Alfred). — Le Divorce, 1881 ; la loi du divorce,
1903.

LEHR (Ernest). — Le Mariage, le divorce et la séparation de
corps dans les principaux pays civilisés, 1899.

VIVET. — Le Divorce en droit romain. Thèse de Paris, 1894.

DERONDE. — Causes de divorce. Thèse de Paris, 1895.

ROGER DE FONTENAY. — Des Causes du divorce. Thèse de Paris,
1894.

— II —

MALLET (Georges). — Le Divorce durant la période intermédiaire, 1899.

COULON (Henri). — Le Divorce et la séparation de corps. Le divorce par consentement mutuel.

MARGUÉRITTE (P. et V.). — L'Élargissement du divorce.

LE DIVORCE

PAR CONSENTEMENT MUTUEL

INTRODUCTION

Nous ne voulons pas au cours de cette étude discuter la question du divorce, au point de vue de l'utilité de l'institution.

Nous nous proposons seulement, après une étude rapide de la question au point de vue historique, de rechercher la transformation que la pratique et la jurisprudence ont fait subir à la loi ; les modifications qui seraient nécessaires pour mieux l'adapter à nos mœurs, et par là même, le moyen d'empêcher les abus qu'une législation déjà trop vieille a fait naître.

Ce n'est donc pas avec un esprit tout imprégné des idées nouvelles d'émancipation des personnes (ce qui parfois cache la pensée de détruire tout ce qui met un frein aux passions humaines) que nous voulons faire cette étude ; mais au contraire dans le but de redonner à une loi aussi délicate et aussi importante pour l'ordre social, la rigidité de cadre qui lui est indispensable.

Nous avons vu par nous-même ce que dans la pratique on peut obtenir de la loi de 1884, grâce à la complicité des magistrats ; il y a des réformes utiles à apporter à la loi ; c'est en opérant ces réformes que l'on peut diminuer les abus.

Comme corrollaire à des modifications extensives du divorce il nous semblerait utile de modifier également les lois pénales sur l'adultère, surtout en ce qui concerne le mari, d'élever les peines qui y sont attachées, et de prendre toutes les mesures pénales nécessaires pour protéger la femme contre son mari quand ce dernier abuse de la situation privilégiée que la nature, nos mœurs et nos lois lui ont donnée.

PREMIÈRE PARTIE

ÉTUDE HISTORIQUE

CHAPITRE PREMIER

LE DIVORCE EN DROIT ROMAIN

On trouve des traces du divorce chez tous les peuples, au moins à une certaine époque de leur histoire; mais c'est dans la législation romaine que nous pouvons l'étudier le plus utilement grâce aux documents abondants qui sont parvenus jusqu'à nous.

A Rome, ce fut un principe toujours admis que le mariage pouvait se dissoudre comme il se contractait avec une entière liberté ; le droit au divorce était de l'essence même du mariage.

De l'origine de Rome jusqu'à la loi des XII Tables. — Le divorce fut permis dès l'origine de Rome et il résulte notamment d'un texte de Plutarque, que le mari pouvait répudier sa femme dans trois cas :

1° *Veneficium circa polem ;* ou crime de sorcellerie.

2° *Falsitatem clavium*, ou falsification de la clef du cellier ; l'usage du vin était en effet interdit aux femmes romaines, et c'était le mari seul qui possédait la clef du cellier. La répudiation « *propter falsitatem clavium* » était donc en quelque sorte la répudiation pour intempérance.

3° *Adulterum commissum*, ou crime d'adultère.

La femme ne pouvait en aucun cas répudier son mari, puisque par suite de l'effet du mariage avec *manus* elle était sous la puissance de son mari, *loco filiae*.

Il n'y avait pas à cette époque de divorce par consentement mutuel, car la femme ne pouvait manifester valablement sa volonté.

Les Romains, grâce à la pureté de leurs mœurs, usaient rarement du divorce, et le premier exemple que l'on en trouve fut probablement celui de Carvilius Ruga, au v° siècle de Rome, qui répudia sa femme parce qu'elle était stérile.

De la loi des XII tables jusqu'à Auguste. — On ne possède aucun passage de la loi des XII tables concernant le divorce, mais il semble que depuis cette époque le mari put répudier sa femme pour tout motif ; on peut donc admettre que c'est dans ce texte que se trouve le fondement de cette nouvelle législation.

Cette faculté accordée au mari était tempérée par deux institutions qui exerçaient leur contrôle en

cette matière : « le tribunal domestique et les censeurs. »

Le tribunal domestique se composait de parents
dont les décisions n'avaient qu'une sanction morale ;
les censeurs contrôlaient la cause de la répudiation
et pouvaient noter d'infamie ceux qui usaient à tort
du bénéfice de la loi.

Il semble également qu'à cette époque la femme
ait eu le droit de répudier son mari, bien que l'on
ne trouve pas de texte sur ce point. Mais c'est seulement au VIe siècle que l'on trouve des exemples de
divorce par consentement mutuel.

A partir de cette époque le divorce cesse d'être
considéré comme une chose anormale et malheureuse
et devient d'une fréquence dont les auteurs contem-
porains ont retracé le scandale.

D'*Auguste à Constantin*.— Le nombre des divorces
déjà si considérable à la fin de la République ne fit
qu'augmenter sous l'Empire ; les causes du divorce
étaient toujours les mêmes, ou plutôt il n'en existait
qu'une : la volonté des parties ou de l'une d'elles.

Les formes était peu compliquées. Pour le divorce
par consentement mutuel il n'en existait aucune ;
pour la répudiation un écrit, *libellum repudii*,
devait être remis à l'époux par un affranchi en présence de sept témoins (1). Dès lors les époux

---

1. « Dig. de divortiis et repudiis lib. XXIV, tit. II, frag. 9 : Nul-

étaient libres et pouvaient se remarier aussitôt.

On s'efforça d'enrayer les abus du divorce en restreignant le délai accordé au mari pour la restitution de la dot, lorsqu'il avait usé à tort de la répudiation. C'est dans ce but également que furent mises en vigueur les lois caducaires qui frappaient les célibataires et avantageaient les gens mariés.

De Constantin à Justinien. — La doctrine chrétienne commença à prendre une influence considérable sur la législation romaine. Dans la matière du divorce elle substitua peu à peu à l'idée de contrat humain susceptible de se rompre par la volonté de ceux qui l'ont créé, la conception d'une union indissoluble voulue par Dieu et ne devant se rompre sur terre que par la mort. On considérera donc à partir de cette époque le divorce comme un mal qu'il faut tolérer mais contre lequel on luttera pour l'enrayer et le faire disparaître.

La répudiation ne fut plus permise que dans trois cas pour le mari : adultère, empoisonnement et prostitution.

Pour la femme, elle fut seulement permise en cas d'homicide, d'empoisonnement et de violation de sépulture (1).

---

lum divortium ratum est, nisi septem civibus romanis puberibus adhibitis proeter libertum ejus qui divortium faciet.

«Libertum accipiemus etiam eum, qui a patre, avo, proavo et ceteris sursum versum manumissus sit. »

1. C. I. Code Théodosien, de repud.

Le divorce par consentement mutuel continua à être permis ; mais des peines sévères sont édictées contre ceux dont le divorce par répudiation n'aurait pas une des causes légales.

Différentes modifications furent apportées à cette loi, notamment par une constitution de Théodore II et Valentinien III qui abolit le divorce *bona gratia* et n'autorisa plus la répudiation que dans une série de cas limitativement énumérés, au nombre de 14 pour chaque époux.

Cette constitution était inspirée par un esprit tout nouveau, car l'on invoquait pour restreindre les causes de divorce, l'intérêt des enfants ; c'était là le résultat de l'influence chrétienne et de la conception du mariage chrétien.

Législation de Justinien. — Les novelles relatives au divorce sont au nombre de trois, qui portent les numéros 22, 117 et 134. Sans étudier le détail de ces lois, nous noterons seulement que la novelle 117, chap. X, abolissait le divorce *bona gratia*, rétabli par Anastase en 497, sauf dans le cas où les époux divorçaient pour garder ensuite la chasteté. Il fut rétabli d'ailleurs dans la novelle 140 par le successeur de Justinien, ce qui témoigne de la persistance de cette idée que le mutuel consentement pouvait défaire ce qu'il avait créé. La novelle 134, chap. XI, établissait des pénalités extrêmement sévères contre l'époux qui répudiait illégalement.

De cette analyse rapide de la législation romaine, il résulte qu'à aucune époque elle n'a interdit le divorce. Sans doute elle ne l'a pas toujours laissé à la liberté des parties, elle l'a parfois soumis à des conditions rigoureuses, mais jamais elle n'a admis le principe de l'indissolubilité du mariage, pas plus sous Romulus que sous Auguste, sous Constantin que sous Justinien, admettant presque toujours le divorce par consentement mutuel.

Si la législation romaine s'est montrée plus sévère sous Constantin et ses successeurs, c'est que les empereurs subissaient l'influence de l'Église naissante et s'efforçaient d'imposer à leurs sujets ses préceptes.

CHAPITRE II

LE DIVORCE DANS L'ANCIEN DROIT FRANÇAIS

ET LE MOUVEMENT PHILOSOPHIQUE DU XVIIIe SIÈCLE

L'Église catholique prit rapidement une influence prédominante, ne rencontrant pas comme à Rome, une civilisation ancienne, ayant une législation solidement établie. Aussi le droit canon devint-il bientôt le fondement de toute la législation en matière de mariage et de divorce.

L'Église condamna toujours en principe le divorce, mais des difficultés et des doutes s'élevèrent à propos d'un cas spécial, celui de l'adultère de la femme. Le mari pouvait-il en ce cas répadier ?

De graves controverses surgirent à ce sujet entre les pères de l'Église, les uns invoquant l'évangile de saint Mathieu, les autres l'évangile de saint Marc et de saint Luc. Ce ne fut qu'en 1563, lors du Concile de Trente, que la question fut définitivement résolue dans le sens de l'indissolubilité absolue du mariage.

Cependant on distinguait deux sortes de mariages. Le mariage consommé ne pouvait plus en aucun cas être dissous. Il y avait, il est vrai, des cas assez nombreux où il pouvait être annulé, et la pratique des nullités de mariage n'était pas très rare ; mais il était alors déclaré n'avoir jamais existé, et les prétendus époux se trouvaient libres, comme n'ayant jamais été unis. Si, au contraire, le mariage n'avait pas été consommé, chaque époux restait libre de rompre le lien conjugal, mais à condition de se retirer du monde et d'entrer dans un cloître. Le fait d'entrer dans les ordres n'aurait pas suffi, il fallait s'engager dans la vie monacale. Malgré cette exception tout à fait particulière et qui ne pouvait exister, nous le répétons, qu'encas de mariage non consommé, le principe était l'indissolubilité.

Aussi pour atténuer ce que ce principe pouvait avoir de trop rigoureux, tout en lui conservant sa force, permettait-on aux époux, pour qui la vie commune était devenue insupportable, de vivre séparés, tout en restant unis par les liens du mariage. Cette séparation ne pouvait, en aucun cas, être purement volontaire. Elle devait toujours être prononcée par les tribunaux qui avaient en la matière toute liberté d'appréciation. Cependant, à défaut de textes précis indiquant les causes de la séparation, il s'était formé une jurisprudence à peu près uniforme. Le mari pouvait demander la séparation pour cause d'adultère.

Si la femme s'était livrée sur son mari à des excès ou à des sévices, celui-ci n'était pas tenu de demander la séparation qui aurait entraîné la séparation de biens, à son grand détriment peut-être. Il avait une ressource plus avantageuse c'était de faire emprisonner sa femme. L'adultère du mari n'entraînait jamais pour la femme le droit de demander la séparation. Elle pouvait invoquer les excès, sévices et injures graves, ou le refus par le mari d'exécuter une sentence qui le condamnait à fournir des aliments à sa femme. La séparation de corps entraînait toujours la séparation de biens, et la femme reprenait la liberté administrative de sa fortune.

Dans notre ancien droit les séparations de corps étaient vues avec beaucoup de défaveur. Les cas étaient rares, grâce à l'influence de l'Église catholique qui ne se contentait pas de prohiber le divorce, mais conseillait encore de supporter avec résignation les misères conjugales et de ne recourir à la séparation, que dans le cas d'absolue nécessité. L'indissolubilité du mariage était plus qu'une règle de droit, c'était un principe de morale qui ne souffrait qu'avec peine, même le simple relâchement conjugal.

La renaissance du droit romain et des études juridiques en général créa, dès la fin du moyen âge, une controverse entre les jurisconsultes et les canonistes. Les jurisconsultes prétendirent voir dans le mariage un contrat civil que l'État avait le pouvoir

de réglementer; les canonistes y voyaient un sacrement et attribuaient à l'Église seule le droit d'y
intervenir. Entre ces deux systèmes opposés il inter-
vint une sorte de transaction et l'on admit concur-
remment le sacrement et le contrat. L'Église seule
eut qualité pour l'administrer, l'État seul eut le droit
d'en régler les effets civils.

Dès l'instant où cette dualité d'éléments fut admise,
le principe du mariage contrat civil se développa.
Les juristes en vinrent à considérer que les prêtres
qui célébraient les mariages tenaient cette fonction
d'une délégation du pouvoir royal, et que le roi
pouvait la leur retirer. Toutefois ils n'avaient jamais
demandé l'admission du divorce, et il n'existait
même aucun mouvement d'opinion en sa faveur.

Seuls les philosophes de XVIIIe siècle commen-
cèrent à battre en brèche le principe de l'indissolubilité du mariage. Ils le firent avec leur esprit sceptique
en matière de religion, novateur et hardi en matière
de morale. Ils s'attaquent à toutes les institutions,
auxquelles ils reprochent de nous avoir éloignés de
l'état de nature. Ils raisonnent sur des êtres abstraits
qu'ils supposent naturellement bons et qui s'adaptent
exactement dans leur pensée aux systèmes et aux
plans que leur pensée a élaborés. Ils ne veulent pas
procéder par évolution pour perfectionner une civilisation dont ils réprouvent les bases mêmes; ce sont
ces bases qu'ils attaquent, c'est la société elle-même,

et ils ne sont pas éloignés de voir dans l'état des sauvages l'état idéal de l'humanité.

Le mariage devait subir leurs attaques et elles ne lui manquèrent pas. Les uns, à l'esprit juridique, furent modérés. Montesquieu, avec son *Esprit des lois*, en est le plus illustre. Il avoue pourtant que « c'est toujours un grand malheur pour une femme d'être contrainte d'aller chercher un second mari, lorsqu'elle a perdu la plupart de ses avantages avec un autre ». Voltaire traita la question en fantaisiste par des boutades. Helvetius se montra partisan du mariage à l'essai qui se pratique chez certains sauvages. « Il est des nations, dit-il (1), où l'amant et la maîtresse ne s'épousent qu'après trois ans d'habitation. Ils essaient, pendant ce temps là, la sympathie de leurs caractères. Ne se conviennent-ils pas, ils se séparent et la fille passe en d'autres mains. Ces mariages africains sont les plus propres à assurer le bonheur des conjoints ».

A côté de ces esprits éminents, quelques autres, dont tous les noms ne nous sont pas parvenus, entreprenaient, quelques années avant la Révolution, une campagne de brochures en faveur du divorce. Cette agitation était toute factice. Les jurisconsultes n'en avaient nul souci et le peuple ne s'en inquiétait guère car il avait à ce moment des préoccupations

---

1. *De l'Homme*, ouvrage posthume. Londres, 1781.

plus larges et des ambitions plus vastes. C'est
d'ailleurs une chose curieuse à constater qu'à toutes
les époques où des modifications ont été apportées à
la législation du divorce, en sa faveur ou contre lui,
elles l'ont toujours été grâce à l'initiative et au labeur
de quelques uns, mais au milieu de l'indifférence
presque absolue des masses.

CHAPITRE III

———

Bien qu'il y eut au moment de la Révolution, une polémique de brochures et de presse favorable au divorce, l'établissement de cette institution ne figurait pas parmi les revendications du peuple et les cahiers des États-Généraux étaient muets sur ce point. Mais, lorsque des assemblées délibérantes, ouvertes à toutes les propositions individuelles furent constituées, des pétitions parvinrent aussitôt devant elles. Toutes ces propositions restèrent dans les archives sans être discutées.

Ce fut seulement le 30 août 1792, à propos de la discussion sur l'état civil, qu'Aubert Dubayet développa une motion en faveur du divorce et que le principe du divorce fut voté.

Le 7 septembre, M. Robin, au nom du Comité de législation, donnait lecture d'un rapport et présentait un projet de décret dans lequel le divorce par consentement mutuel, et même par la volonté d'un

A. Bernard   2

seul était admis, sans indication d'autres motifs que celui d'incompatibilité d'humeur.

Un contre-projet fut déposé par M. Sédillez le 13 décembre 1792; il admettait le divorce par consentement mutuel et la répudiation, mais avec la nécessité de donner un motif, qui serait apprécié par un jury de répudiation (1).

Après une discussion assez vive, ce fut le projet du Comité de législation qui fut adopté, et le 20 septembre 1792, l'Assemblée Nationale législative décidait : « L'Assemblée Nationale considérant combien il importe de faire jouir les Français de la faculté du divorce qui résulte de la liberté individuelle dont un engagement indissoluble serait la perte; considérant que déjà plusieurs époux n'ont pas attendu pour jouir des avantages de la disposition constitutionnelle, suivant laquelle le mariage n'est qu'un contrat civil, que la loi eut réglé le mode et les effets du divorce, décrète ce qui suit... » suivait le texte de la loi.

La loi se divisait en quatre paragraphes. Le premier énumérait les causes du divorce, le deuxième en déterminait les formalités, les deux derniers traitaient de ses effets.

Les causes du divorce étaient : le consentement

---

1. *Archives parlementaires*, 1re série, t. XLIX, p. 613 et suiv. — Projet Robin et contre-projet Sédillez.

mutuel des époux, l'allégation unilatérale d'incompatibilité d'humeur et de caractère, enfin un certain nombre de causes déterminées invocables par l'un des époux à charge d'en faire la preuve; c'étaient la démence, la folie ou la fureur de l'un des époux; une condamnation à des peines afflictives ou infamantes; les crimes, sévices et injures graves, le dérèglement de mœurs notoire, l'abandon pendant deux ans, l'absence pendant cinq ans, et enfin l'émigration.

Il résulte de tous les documents que l'on possède sur l'élaboration de cette loi, que l'Assemblée nationale ne fut que lentement gagnée à l'idée du divorce; et si elle arriva à l'admettre, ce fut par la force des grands principes de liberté individuelle et d'inaliénabilité de la volonté.

Elle ne considéra pas le divorce comme un remède apporté à un état de choses fâcheux comme la désunion des ménages, mais comme une conséquence logique des grandes idées révolutionnaires. Aussi admit-on le divorce par le seul effort d'une volonté, même unilatérale. On alla même jusqu'à dire qu'il était inutile d'instituer le divorce qui découlait naturellement de l'inaliénabilité des volontés individuelles (1).

La réglementation des formalités du divorce fut

---

1. *Archives parlementaires*, t. XLIX, p. 118.

simple, mais cependant entourée de certaines garanties.

Les époux qui voulaient divorcer par consentement mutuel étaient tenus de convoquer une assemblée de six au moins de leurs plus proches parents; trois choisis par le mari et trois par la femme. Les époux exposaient leur demande devant cette assemblée, qui, après leur avoir fait toutes les représentations nécessaires, constatait par un procès-verbal la non-conciliation. Le procès-verbal était déposé au greffe de la municipalité; un mois au moins et six mois au plus après cet acte les époux pouvaient se présenter devant l'officier public chargé de dresser les actes de mariages dans la municipalité où le mari avait son domicile. Cet officier était tenu de prononcer le divorce sans entrer en connaissance de cause. Si les époux étaient mineurs, le délai d'un mois était double. Passé le délai de six mois, toutes ces formalités étaient à recommencer.

On voit que dans cette procédure le juge n'intervenait à aucun moment et que le divorce dépendait de la seule volonté des parties, avec la garantie et le contrôle, bien illusoire, du conseil de famille.

Pour le divorce par la volonté d'un seul, les formalités étaient plus longues et moins faciles. L'époux demandeur devait convoquer une assemblée de famille, de trois membres au moins, un mois à l'avance devant l'un des officiers municipaux du domicile du

mari, en la maison commune du lieu, aux jour et
heure fixés par cet officier. Les noms et demeures des
membres de l'assemblée devaient être signifiés à
l'époux défendeur, avec invitation d'y comparaître
et d'y faire trouver de sa part également, trois au
moins de ses parents. Le demandeur comparaissait
en personne, et entendait, ainsi que l'époux défendeur, s'il comparaissait, les représentations des
parents et amis à l'effet de les concilier. En cas de
non conciliation, il en était dressé acte et l'assemblée
se réunissait à nouveau deux mois après. Si cette
nouvelle tentative de conciliation n'aboutissait pas,
l'assemblée se prorogeait encore à trois mois.
Enfin après une troisième et dernière tentative, et si
l'époux demandeur persistait dans sa résolution, acte
en était dressé et une expédition signifiée au défendeur. Huit jours au moins et six mois au plus après
ce dernier acte de non conciliation. l'époux demandeur pouvait se présenter devant l'officier public
chargé de recevoir les actes de mariage, qui était tenu
de prononcer le divorce. Passé le délai de six mois,
les formalités étaient tenues pour non avenues.

La légère différence de difficultés entre les deux
modes de divorce n'était pas en rapport avec leur
différence de danger au point de vue de la famille et
de la société. Dans l'un, les époux pouvaient divorcer pour des motifs parfois futiles, mais au moins
ils y consentaient mutuellement. Dans l'autre, la

volonté d'un seul des époux suffisait même à l'encontre de la volonté du conjoint, pour rompre le lien conjugal. Ce mode de divorce dont nous aurons à nous occuper à nouveau est un véritable péril social, car en l'admettant dans une législation, on ouvre la porte aux pires abus ; on détruit en quelque sorte l'institution du mariage qui est la base de notre société moderne.

Le divorce pouvait encore être demandé aux termes de la loi de 1792 pour des causes prévues spécialement par la loi et qui entraînaient de plein droit le divorce.

Il suffisait alors que l'époux demandeur s'adressât directement à l'officier public pour que le divorce fut prononcé. Il en était ainsi lorsque les motifs étaient établis par jugement, comme dans le cas de condamnations afflictives ou infamantes. En cas d'absence de cinq ans sans nouvelles, le divorce était prononcé de plein droit sur le vu d'un acte de notoriété. Pour tous les autres cas où l'on invoquait des causes déterminées le demandeur se pourvoyait devant des arbitres de famille qui estimaient le bien fondé de la demande. L'officier public prononçait ou ne prononçait pas le divorce suivant l'avis de ces arbitres.

Le divorce est donc considéré dans toute cette législation comme l'exercice d'un droit soumis à certaines règles pour empêcher les abus, mais par sa

nature même, complètement en dehors de la compétence des tribunaux.

Le vote de la loi fut accueilli avec satisfaction
et le nombre des divorces fut tout de suite considérable, notamment à Paris, où 5.994 divorces furent
prononcés en trois mois,du 1ᵉʳ janvier 1793 au 29 prai-
rial an III (1), dont 2.005 en vertu de la loi nouvelle
du 4 floréal an III).

Car cette loi qui permettait de divorcer déjà si
facilement, fut modifiée par un décret du 4 floréal
an III qui supprima la plupart des garanties : s'il
ré sultait d'un acte authentique ou de notoriété
p ublique que les époux vivaient séparés de fait
d epuis six mois, le divorce aurait lieu de plein droit
sur la simple présentation de l'acte à l'officier
public.

Ces deux lois combinées donnèrent naissance aux
pir es abus et la réaction contre les facilités trop
grandes données au divorce ne tarda pas à se faire
sentir. Des pétitions furent adressées à la Convention;
le 15 thermidor, l'exécution du décret de floréal fut
s uspendue. Le comité de législation élabora un projet de décret qui marquait une réaction très nette
contre le divorce. Le divorce pour incompatibilité
d'humeur n'était plus permis que par consentement

---

1. Olivier Martin, *la Cause du mariage dans la législation
intermédiaire*, 1789-1804. Thèse de Paris, 1901, p. 259.

mutuel ; la répudiation, dans des cas strictement déterminés. On l'entourait de longs délais et de formalités difficiles. Ce projet ne fut pas discuté, mais le mouvement d'opinion s'y était affirmé.

De nouveaux efforts furent tentés, des commissions furent instituées ; mais sans donner de résultats pratiques. Cependant le premier jour complémentaire de l'an V, un système transactionnel fut voté par le Conseil des Cinq-Cents, après un rapport de Portalis affirmant l'indissolubilité théorique du mariage. Ce décret composé de deux articles seulement, imposait un délai de six mois à dater du dernier acte de non-conciliation avant le prononcé du divorce.

Plusieurs projets furent ensuite rédigés pour modifier la législation du divorce, mais ne furent pas discutés et n'aboutirent pas. La création du Conseil d'État allait seule permettre à Bonaparte de mener à bien une entreprise où l'on avait échoué jusqu'alors.

Un projet fut rédigé par Portalis et soumis aux tribunaux d'appel et au tribunal de cassation. Il repoussait le divorce pour incompatibilité d'humeur et le divorce par consentement mutuel. Ce projet fut approuvé par la grande majorité des tribunaux ; cependant le tribunal de cassation demanda le maintien du divorce pour incompatibilité d'humeur en l'entourant de formalités sévères.

A côté de l'opinion des tribunaux il faut noter aussi divers mémoires privés sur la question du divorce ; Malville publia une brochure (1) sur les inconvénients du divorce, après l'avoir énergiquement combattu pendant la discussion au tribunal de cassation dont il faisait partie. Nougarède publia deux ouvrages sur la matière (2) également contre le divorce, Bonald écrivit un ouvrage dans le même esprit (3). L'opinion publique était contraire aux abus de la période révolutionnaire, et se trouvait confirmée par la renaissance du régime politique nouveau.

Les discussions les plus intéressantes eurent lieu au Conseil d'État sous la présidence du Premier consul et souvent avec sa collaboration (4). Diverses théories furent émises sur la nature même du mariage. Les uns y voyaient une institution de droit naturel perfectionnée seulement et sanctionnée par les lois. Le Premier consul considérait le mariage comme une création des législateurs, car, disait-il, il n'existe pas partout tel que nous le concevons. Ces conceptions

---

1. *Du Divorce et de la séparation de corps.* Malleville, 1801, brochure de 50 pages.

2. *De la législation sur le mariage et sur le divorce,* an X. *Histoire des lois sur le mariage et sur le divorce,* an XI.

3. *Du Divorce.* Paris, 1901·

4. Locré, *Procès verbaux du Conseil d'État contenant la discussion du projet du Code civil.*

abstraites n'eurent pas une grande influence sur les s olutions pratiques admises.

Après un exposé de la question par Portalis, il fut admis dans la discussion qu'on maintiendrait le divorce ; puis, pour rendre la discussion plus facile, les opinions différentes furent rédigées en projets.

Les uns n'admettaient le divorce que pour des causes vérifiées et reconnues légitimes (Projet du conseiller Boulay). Les autres admettaient le divorce par consentement mutuel (Projet du conseiller Berlier).

Après un premier vote indécis le projet Boulay obtint la priorité à une faible majorité, le divorce par consentement mutuel était donc supprimé. Mais en discutant la question de l'adultère on chercha une solution qui permit d'arriver au divorce sans dévoiler la cause véritable. On hésitait à admettre le consentement mutuel puisqu'on venait de le repousser en principe ; mais l'influence du Premier consul se fit sentir et sur une proposition de Cambacérès on admit purement et simplement le divorce par consentement mutuel après bien des discussions et en l'entourant de très sérieuses garanties.

Le Tribunat vota le projet le 29 ventôse an XI malgré les efforts du tribun Carion Nisas (1).

Entre temps le projet avait été présenté au Corps

---

1. *Moniteur* t. 27, p. 800 et suivantes.

Législatif au nom du Conseil d'État par Treilhard. Le 18 ventôse ll donnait lecture du projet et d'un exposé des motifs (1) dans lequel il défend d'une façon décisive le divorce par consentement mutuel. « La quatrième cause, disait-il, celle du consentement mutuel, n'est pas susceptible d'une preuve de cette nature (preuve devant les tribunaux) ; mais on s'en formerait une bien fausse idée, et l'on calomnierait d'une étrange manière les intentions du gouvernement, si l'on pouvait penser qu'il a voulu que le contrat de mariage fût détruit par le seul consentement de deux époux.

» La simple lecture de l'article proposé en annonce l esprit et la véritable intention :

» Le consentement mutuel et persévérant de deux époux, exprimé de la manière prescrite par la loi, sous les conditions et après les épreuves qu'elle détermine, prouvera suffisamment que la vie commune leur est insupportable, et qu'il existe, par rapport à eux, une cause péremptoire de divorce.

» Ainsi les conditions et les formes imposées doivent garantir l'existence d'une cause péremptoire ; le consentement dont il est question, ne consiste pas dans l'expression d'une volonté passagère, il doit être le résultat d'une position insupportable. Les épreuves garantiront la constance de cette volonté ;

---

1. *Moniteur* des 18 et 20 ventôse an XI, t. XXVII, p. 693.

la présence des pères en garantira la nécessité, les sacrifices auxquels les époux sont forcés, donneront enfin de nouveaux gages de l'existence d'une cause absolue de divorce. »

La discussion fut fixée au 30 ventôse. Ce jour là (1) le tribun Gillet exposa au nom du Tribunal les motifs d'adoption du projet ; Treilhard prit de nouveau la parole, et le projet fut transformé en loi par 188 boules blanches contre 31 noires, c'est-à-dire, à une très forte majorité.

Cette loi du 30 ventôse an XI fut promulguée le 10 germinal an XI et devint le titre VI du Code civil. Son système mûrement réfléchi et sagement organisé est intéressant à étudier. Il a fonctionné en France durant douze années et régit encore aujourd'hui plusieurs nations étrangères, sans avoir jamais donné lieu à aucun abus. Venu après une époque où l'on avait proclamé et pratiqué toutes les libertés sans limites, il avait encore l'esprit d'indépendance qui avait fait la Révolution, mais aussi la prudence et la sagesse de l'expérience.

Deux ordres de causes pouvaient motiver le divorce ; causes déterminées par la loi et le consentement mutu!

Les causes déterminées étaient ; l'adultère, avec circonstance pour le mari d'avoir tenu sa concubine

---

1. *Moniteur* du 1er germinal, an XI, t. XXVIII, p. 811-812.

dans la maison commune ; les excès, sévices et
injures graves ; la condamnation de l'un des époux
a une peine infamante. Un certain nombre de celles
qui figuraient dans la loi de 1792 avaient donc été
supprimées. De plus c'était désormais le tribunal
d'arrondissement du domicile des époux qui était
compétent, et non plus des tribunaux de famille
dont l'expérience avait démontré l'animosité et
l'impuissance. La procédure à suivre était longuement
établie en 32 articles. Deux sections suivantes traitaient des mesures provisoires et des fins de non-
recevoir.

Le divorce par consentement mutuel était régi par
le chapitre III en 20 articles. Pour qu'il fût admis, il
fallait que le mari ait plus de vingt-cinq ans et la
femme plus de vingt et un. On avait craint qu'avant
cet âge les époux prissent à la légère une aussi grave
détermination ; il fallait aussi que le mariage ait duré
deux ans au moins. Enfin il n'était plus admis après
vingt ans de mariage, ni lorsque la femme avait quarante-cinq ans afin d'éviter qu'un mari jeune encore,
ne pressât sa femme de consentir au divorce, à l'âge
où elle aurait perdu les charmes de la jeunesse et
sans aucun motif sérieux ; et aussi parce qu'il sera
rarement vrai de dire que la vie commune est insupportable, quand on l'aura déjà supportée pendant
vingt ans. « Il faut laisser aux époux le temps de se
connaître et de s'éprouver, disait Treilhard dans son

exposé des motifs ; on ne doit donc pas recevoir leur consentement tant qu'on peut supposer qu'il est une suite de la légèreté de l'âge ; on doit le repousser encore lorsqu'une longue et paisible cohabitation atteste la compatibilité de leur caractère. »

Une mesure plus prudente encore était celle qui ne permettait le divorce par consentement mutuel qu'avec l'autorisation des pères et mères des époux ou des autres ascendants, suivant les règles suivies en matière de consentement au mariage. Il était logique et sage de soumettre la résolution des époux à l'approbation de leurs parents. Les époux ne sont pas seuls intéressés au maintien ou à la dissolution du mariage ; les parents le sont également, et surtout les enfants dont les grands-parents ont certainement qualité pour surveiller les intérêts, en même temps qu'ils sont, par leur expérience et leur affection, des juges excellents de la légitimité des griefs existant entre les époux.

« Lorsque deux familles, disait Treilhard, dont les intérêts et les affections sont presque toujours contraires, se réunissent pour attester la nécessité d'un divorce, il est bien difficile que le divorce ne soit pas en effet indispensable. »

Enfin les époux divorcés par consentement mutuel ne pouvaient contracter un nouveau mariage que trois ans après la prononciation du divorce et ainsi

se trouvait écartée la perspective d'une union avec
l'objet de quelque passion nouvelle.

Les époux résolus à demander le divorce par consentement mutuel devaient préalablement faire
inventaire et estimation de tous leurs biens et régler
leurs droits respectifs, ainsi que toutes les questions
concernant la résidence de la femme pendant les
délais d'épreuve, la garde des enfants et la pension
alimentaire à fournir par le mari.

Le chapitre suivant intitulé « des effets du divorce »
contenait encore une disposition remarquable. En
cas de divorce par consentement mutuel, la propriété
de la moitié des biens de chacun des époux, était
acquise de plein droit aux enfants nés du mariage du
jour de la première déclaration. Cette disposition
avait à la fois le caractère d'une déchéance contre
les époux, destinée à les écarter du divorce s'ils
n'avaient pas de raisons vraiment graves, et pour les
enfants, d'une juste compensation aux inconvénients
résultant pour eux du divorce de leurs parents.

La procédure à suivre était la suivante. Les époux
devaient se présenter ensemble, en personne,
devant le président du tribunal civil de leur arrondissement et lui faire déclaration de leur commune
volonté de divorcer, en présence de deux notaires
amenés par eux. Le juge leur faisait telles représentations, exhortations qu'il jugeait convenables ; et,
s'il ne parvenait pas à les réconcilier, leur donnait

acte de ce qu'ils persistaient dans leur intention. Les époux remettaient alors aux notaires leurs actes de naissance et de mariage, les actes de naissance et de décès de tous les enfants nés de leur union, et la déclaration authentique des ascendants qu'ils consentaient au divorce.

Les notaires dressaient un procès-verbal détaillé de tout ce qui avait été fait. Dans la première quinzaine des quatrième, septième et dixième mois, la déclaration des époux était renouvelée devant le président du tribunal, en observant les mêmes formalités. Lorsque l'année était révolue, à dater du jour de la première déclaration, les époux se présentaient dans un délai de quinze jours, devant le président du tribunal, accompagnés chacun de deux personnes notables de l'arrondissement, et lui soumettaient tous les actes de la procédure. Le président et les assistants faisaient encore leurs observations aux époux, et, s'ils persistaient dans leur demande, un procès-verbal était dressé et ordonnance mise au bas par le président, portant que dans les trois jours, il serait par lui référé du tout au tribunal en chambre du conseil et sur conclusions écrites du procureur impérial. S'il résultait de l'examen du tribunal que les parties avaient satisfait aux conditions et rempli les formalités imposées par la loi, il admettait le divorce. En vertu de son arrêt, et dans les vingt jours, les parties se présentaient ensemble et en personne devant l'officier de l'état civil qui prononçait le divorce.

Le jugement refusant le divorce pouvait être frappé d'appel, mais seulement par les deux époux ensemble.

La séparation de corps était rétablie. Dans tous les cas où il y avait lieu à divorce pour causes déterminées, les époux pouvaient former une demande en séparation de corps.

Mais elle ne pouvait pas avoir lieu par consentement mutuel. C'était encore une conséquence de la défaveur dont jouissait la séparation de corps. Treilhard avait fait ressortir qu'elle avait tous les inconvénients du divorce, sans en avoir les avantages. Un seul argument à ses yeux pouvait avoir quelque poids, c'était la possibilité d'une réconciliation. « Mais, disait-il, je le demande, combien de séparations a vu le siècle dernier, et combien peu de rapprochement ! » Aussi ne voulut-on pas rendre la séparation aussi facile que le divorce ; on ne l'autorisa pas par consentement mutuel. Peut-être aussi doit-on admettre la raison historique donnée par Proudhon. La séparation de corps avait été introduite dans la loi par respect de la liberté de conscience, la religion catholique n'admettant pas le divorce. Or le droit canon, qui avait institué la séparation, ne la permettait que pour causes déterminées et jamais par consentement mutuel. On la maintint

dans le Code telle que l'Église l'avait organisée.
Enfin Treilhard avait indiqué qu'elle entraînait for-
cément une séparation de biens, et que par le consentement mutuel on aurait pu craindre un concert
frauduleux des époux pour léser leurs créanciers.

La législation de 1804 donna dans la pratique
d'heureux résultats ; elle était établie avec sagesse
et les formalités qui entouraient le divorce par consentement mutuel suffirent pour empêcher les scandales produits par la loi de 1792. On en trouve la
preuve dans les discussions et dans toute la campagne qui eut lieu en 1816, où l'on ne reproche
jamais au système de 1804 d'avoir donné lieu à des
excès.

Le changement de gouvernement amena un changement d'opinion au point de vue religieux ; la religion catholique devint religion d'État. Le 14 décembre
1815, M. Bonald demandait à la Chambre des députés la suppression des articles du Code relatifs au
divorce. Après une discussion rapide, le projet fut
adopté par 195 voix contre 22. Transmis à la Chambre
des pairs où il obtint la majorité, il revint à la
Chambre et fût définitivement voté le 27 avril 1815.

La loi ne comprenait que trois articles :

L'article premier était ainsi conçu : « Le divorce
est aboli ».

Les deux autres articles contenaient des mesures
transitoires.

Contrairement au Code de 1804 qui fut motivé par les abus qu'avait fait naître la législation de 1792, cette loi fut votée par pur esprit de parti, sans qu'elle correspondît à un besoin de la nation. Il ne faut donc pas y voir un recul des idées en cette matière. La chute de l'Empire n'a pas été le fait d'un revirement d'opinion, mais le résultat d'opérations militaires malheureuses.

CHAPITRE IV

LA LOI DE 1884

L'abolition du divorce ne souleva aucune protestation ; mais le divorce supprimé il restait encore quelque chose de lui dans les esprits qui devait bientôt se réveiller lentement.

Dès 1831, au lendemain des évènements politiques de 1830, M. de Schonen présenta à la Chambre des députés une proposition de loi qui avait pour but le rétablissement du divorce. Votée à la Chambre des députés elle fut repoussée par les pairs.

En 1832 et en 1834, elle fut reprise par deux fois ; deux fois, la Chambre des députés la vota, mais deux fois la Chambre des pairs la rejeta.

Le 26 mai 1848, un projet fut déposé à l'Assemblée constituante par M. Crémieux, ministre de la justice, mais on ne le discuta pas et il fut retiré.

Pendant la période qui suivit et qui fut assez longue, les défenseurs du divorce ne firent aucun effort nouveau pour obtenir le rétablissement de l'institution.

Il faut arriver en 1876, pour voir recommencer la campagne en faveur du divorce. Elle fut menée par M. Naquet, elle dura huit ans, et aboutit au vote de la loi de 1884.

M. Naquet déposa une première proposition de loi le 6 juin 1876, dans laquelle il préconisait le système de la loi de 1792. Jamais cette proposition de loi ne fut discutée ; un rapport fut fait au nom de la commission par M. Constant, qui concluait au rejet.

Le second projet présenté par M. Naquet le 21 mai 1878 (1) tendait au rétablissement du titre VI du Code civil, avec quelques modifications de détail. Un nouveau rapport de M. Hippolyte Faure conclut encore au rejet, le 13 mars 1879, réservant il est vrai le fond du débat, et se basant seulement sur des motifs d'opportunuité (2) « car, il y avait, disait-il, de nombreuses réformes plus urgentes et que la nation réclamait, tandis qu'elle ne se préoccupait pas de la question du divorce ». M. Naquet au cours de la discussion publique prononça un discours éloquent et parvint à faire prendre sa proposition en considération. Le 15 janvier 1880, M. Léon Renault concluait dans son rapport au rétablissement du titre VI du Code civil en y apportant quelques modifications : divorce facultatif en cas de condamnation

---

1. *Off*. du 1ᵉʳ juin 1878.
2. *Off*. du 29 mars 1879.

correctionnelle, abus de confiance etc. l'absence pendant cinq ans fut une cause de divorce ; le bannisse-
ment et la dégradation civique ne furent plus par
contre rangés dans les causes de divorce. La discussion sur ce projet n'eut lieu que le 5 février 1881, et
par 241 voix contre 213 on passa à la discussion des
articles, mais la Chambre repoussa finalement le projet par 247 voix contre 216, après avoir entendu
d'éminents orateurs parler tour à tour pour et contre
le rétablissement du divorce (1).

M. Naquet ne se tint pas pour battu et après les
élections de 1881 il déposa une nouvelle proposition
de loi qui était conçue dans le même esprit que le
projet de la commission de 1880. La commission
chargée d'examiner cette proposition fit présenter le
14 mars 1882, par M. de Marcére, un rapport favorable.

Le rapporteur consacrait dans son rapport une
grosse part à la discussion du principe même du
divorce qu'il considérait comme un remède aux mau-
vaises unions. Un passage des plus intéressants traitait du divorce par consentement mutuel et nous
croyons bon de le rapporter (2).

« L'exposé des motifs sur lesquels se fondent notre
opinion est terminé, mais il nous a paru que, pour

---

1. *Off.* des 6-8 et 9 février 1881.
2. *Off.* de mars 1882, n° 601, p. 808 et suiv.

détruire toute impression fâcheuse, il était utile d'éclaircir un des points de la législation que nous proposons de rétablir : je veux parler du divorce par consentement mutuel.

» L'opinion publique se montre parfois hésitante à cet égard, parce qu'elle se méprend sur le sens des mots. Tous les documents législatifs antérieurs l'ont pourtant déterminé, mais l'erreur persiste ; et l'on est, dans le monde, porté à confondre le consentement mutuel avec l'incompatibilité d'humeur qui, en effet, si elle était admise parmi les causes de dissolution du mariage, pourrait nous conduire au régime des unions libres.

» Il faut donc le redire : le consentement mutuel a été introduit comme une cause de divorce, précisément pour les cas où les motifs qui le rendent nécessaire sont les plus graves. Ce sont les cas où les époux ne pourraient, sans manquer à des devoirs d'honneur ou de pudeur insurmontables, révèler les actes qui ont opéré leur désunion. Dans la diversité des actions dont l'âme est capable, parmi les infirmités secrètes qui peuvent affliger la nature humaine, depuis l'impuissance jusqu'à la tentative de meurtre, l'esprit imagine ce que le secret de la vie domestique peut renfermer de tristesse et d'horreurs. Le législateur devait envisager ces situations exceptionnelles, et il a fait la part de ce qu'exigent l'intérêt social, la justice et la droite raison.

» Il y a des choses qu'on ne peut pas, il y en a qu'on ne doit pas dire. Les époux connaissent seuls les faits qui ont motivé dans leurs cœurs des ressentiments inexorables. Ils pourront obtenir le divorce par le consentement mutuel. Le danger, pour le législateur, était de se prêter, par un accommodement trop facile, à des passions sans excuse, à des entraînement frivoles, à la mobilité des volontés capricieuses échappées à toute règle. Aussi a-t-il, pour ces cas exceptionnels, multiplié les garanties sociales par des formalités longues et difficiles à remplir.

Non seulement il soumet les époux à des épreuves qui, par la persistance avec laquelle ils les auront subies, attestent la gravité des motifs du divorce ; non seulement il y met pour condition l'adhésion des deux familles, constituées juges des griefs et du sérieux de la demande ; mais encore il leur impose l'obligation de se dépouiller de la moitié de leurs biens au profit des enfants nés de leur union, dernière précaution qui témoignera suffisamment de la volonté des époux de se désunir et de l'énormité des motifs cachés qui les poussent à cette résolution.

« Nous avons cru pouvoir cependant supprimer une des conditions imposées par le Code aux époux. L'article 277 dispose que le consentement mutuel *ne pourra plus être admis après vingt ans de mariage, ni lorsque la femme aura quarante-cinq ans*. Cette

exception nous a paru peu justifiable. En ce qui
concerne la femme, la raison tirée de l'âge qu'elle a
atteint ne rentre nullement dans l'ordre d'idées où
l'on se place lorsqu'on s'occupe des motifs de dissen-
timents qui peuvent diviser les époux. En second
lieu, il se peut qu'ils aient supporté vingt ans la vie
commune, en vue de l'éducation et de l'avenir de
leurs enfants, mais qu'après de longues souffrances
endurées, ils aspirent légitimement à recouvrer leur
liberté jusqu'alors sacrifiée à des devoirs dont
l'accomplissement les honore. On retourne contre
eux le mérite qu'ils ont eu, en méconnaissant que la
constance, si ferme qu'elle soit, peut avoir un terme,
surtout quand les raisons qui la soutenaient n'exis-
tent plus. »

La discussion eut lieu les 6 et 8 mai. L'opinion de
la Chambre se dessina nettement en faveur du divorce
et l'on passa à la discussion des articles par 333 voix
contre 122.

Après un rapport supplémentaire de M. de Marcère la question revint en délibération les 12, 13, 15,
17, et 19 juin. La discussion s'ouvrit par un discours
de Mgr. Freppel contre le principe même du divorce ;
M. de Marcère, rapporteur, lui répondit.

D'autres orateurs soutinrent les deux thèses contraires, puis on mit aux voix l'article 1er du projet
ainsi conçu: « La loi du 8 mai 1816 est abrogée ». Il
fut voté par 338 voix contre 140. L'ensemble de la

loi fut mis aux voix et adopté par 331 voix contre 138.

Le projet de la loi fut alors transmis au Sénat ; la Commission chargée de l'étudier se trouva partagée par moitié, et se rallia pour former une majorité sur un contre-projet d'un de ses membres, Aymard-Duvernay, qui admettait « la dissolution du mariage » en cas d'absence ou de condamnation perpétuelle, et dans d'autres cas le divorce, avec de sévères restrictions. Le rapport fut déposé le 7 février 1884. Deux amendements furent immédiatement proposés : l'un repoussant le divorce par consentement mutuel, acceptait pour le surplus le projet de la Chambre ; l'autre demandant le rétablissement pur et simple du Code civil de 1804. Le gouvernement de son côté acceptait le rétablissement du Code civil de 1804, mais en supprimant tout ce qui avait trait au divorce par consentement mutuel. C'est dans ces conditions que s'ouvrirent les débats le 26 mai 1884.

M. Naquet, qui était devenu sénateur, défendit au Luxembourg, sa thèse favorite ; les principaux orateurs furent avec lui MM. Labiche, Jules Simon et Martin Feuillée.

La majorité s'était formée sur l'accord suivant : rétablissement du titre VI du Code civil avec quelques modifications. L'article 295 faisant défense aux époux divorcés de se réunir, était limité au cas où l'un des époux avait contracté un nouveau mariage. Aux termes du nouvel article 298, en cas de divorce pour cause d'adultère, la peine afflictive qui frappait la femme reconnue coupable, était facultative et non plus obligatoire. L'article 310 était modifié en ce sens que la conversion était obligatoire pour les tribunaux, lorsqu'au bout de trois ans au moins, l'un quelconque des époux la demandait. Enfin le divorce par consentement mutuel n'était pas admis.

La seconde délibération eut lieu dans les séances des 19, 20, 21, 23, 24 juin (1). Un amendement de M. Demôle aboutit à faire rayer de l'article 230 le terme de phrase qui exigeait que le mari eut entretenu sa concubine dans la maison commune pour que sa femme pût obtenir contre lui le divorce. L'article 295 fut encore modifié ; le nouveau mariage de l'un des anciens époux ne fut plus un empêchement à une réunion entre eux que s'il avait été lui-même dissous par un divorce. Quant à l'article 298, il vit diparaître tout à fait la condamnation même facultative de la femme contre laquelle était prononcé le divorce pour cause d'adultère, et ne garda plus que l'impossibilité pour l'époux coupable d'épouser son complice.

Le projet de la Chambre des députés fut alors mis aux voix et voté le 25 juin par 153 suffrages contre 116.

Le nouveau texte renvoyé à la Chambre des

---

1. *Off.*, du 20 au 25 juin 1884.

députés obtint déclaration d'urgence, et l'ensemble de la loi adopté le 16 juillet 1884, par 355 voix contre 115, après les discours de Mgr. Fréppel, de MM. Carette et Jules Roche.

Nous indiquons pour terminer cet historique les grandes lignes de cette loi qui nous régit encore aujourd'hui.

En principe on rétablissait le titre VI du Code civil de 1804. De ce titre, un chapitre entier est effacé, celui qui concernait le divorce par consentement mutuel et comprenait les articles 275-294 ; de plus des modifications sont apportées aux articles 230, 232, 234, 235, 295, 296, 298, 299, 306, 307, et 310.

Les causes de divorce sont : l'adultère, sans distinction aucune entre celui du mari et celui de la femme (art. 229 et 230) ; la condamnation de l'un des époux à une peine afflictive et infamante (art. 232) ; ces deux causes sont péremptoires ; les excès, sévices ou injures graves (art. 231).

Les articles relatifs aux formes du divorce étaient restés presque totalement les mêmes que dans le Code de 1804 ; mais ils ne furent en vigueur que durant deux années. En 1886, le 18 avril, fut votée une loi ayant pour but de simplifier la procédure. Elle a modifié dans son ensemble le chapitre II du titre VI, et c'est elle qui régit aujourd'hui la matière.

Le demandeur doit présenter en personne sa

requête au président du tribunal ou au juge qui en fait fonction. Celui-ci, après avoir fait les observations qu'il juge bonnes, ordonne que les parties comparaîtront devant lui aux jour et heure par lui indiqués, et statue, s'il y a lieu, sur la résidence provisoire de la femme.

Au jour fixé, le juge entend les parties en personne, s'efforce de les réconcillier, et s'il n'y réussit pas, rend une ordonnance de non-conciliation et autorise le demandeur à assigner devant le tribunal. Il statue aussi, s'il y a lieu, et provisoirement sur toutes les questions de résidence, de garde des enfants, de remise d'effets personnels et de pension alimentaire.

Le demandeur doit user de la permission de citer dans les vingt jours à dater de cette ordonnance. L'affaire est instruite et jugée dans la forme ordinaire, le ministère public entendu.

Si la demande est basée sur toute autre cause que eelle de l'article 232 (condamnation à une peine afflictive et infamante), le tribunal a faculté d'ajourner la prononciation du jugement à l'expiration d'un certain délai. C'est une dernière chance de réconciliation. En pratique, il n'en use presque jamais.

Le jugement de divorce doit être transcrit sur les régistres de l'état civil du lieu où le mariage a été célébré, et ce n'est qu'à dater de cette formalité qu'il prend effet, il remonte quant à ses effets entre époux au jour de la demande.

La loi de 1886, ayant ainsi simplifié la procédure du divorce, a abrogé les articles 253-274, devenus inutiles. D'autre part, tout l'ancien chapitre III (art. 275-294), qui traitait du divorce par consentement mutuel étant supprimé, il se trouve maintenant dans le Code une lacune qui va de l'article 252, dernier du chapitre II, à l'article 295, premier du nouveau chapitre III.

Ce dernier traite des effets du divorce.

Les époux divorcés ne peuvent plus se réunir si l'un d'eux s'est remarié et si le second mariage a lui-même été dissous par le divorce (art. 295).

La femme ne peut se remarier qu'après un délai de viduité de dix mois (art. 296).

L'époux contre lequel le divorce a été prononcé pour cause d'adultère, ne peut épouser son complice (art. 298).

Les enfants sont confiés à l'époux qui a obtenu le divorce, ou même à une tierce personne, si le tribunal le juge utile. Mais, quelle que soit la personne à laquelle ils sont confiés, les père et mère conservent respectivement le droit de surveiller l'entretien et l'éducation de leurs enfants.

A côté du divorce et en quelque sorte parallèlement, existe la séparation de corps. Elle fait l'objet du chapitre IV. Les causes sont les mêmes que celles du divorce. Au terme de la loi de 1884, le jugement de séparation de corps pourra être converti en jugement de divorce, sur la demande formée par l'un des époux, après un délai de trois ans. Elle a refusé d'admettre la conversion obligatoire que certains esprits préconisent.

Nous ne saurions mieux faire pour montrer dans quel esprit fut votée cette loi de 1884 que de reproduire un passage du rapport de M. Léon Renault qui en donne une appréciation fort juste :

« C'est, déclare-t il, l'indissolubilité du mariage dans la mesure où elle est compatible avec les défaillances de la nature humaine; c'est la préservation des intérêts des époux, des enfants nés de leur union, de la société elle-même intéressée au bonheur des mariages qui ont été la constante préoccupation des collègues qui m'ont chargé de vous présenter ce rapport; ils ont entendu accomplir une tâche de conciliation et rechercher entre la perpétuité idéale des unions conjugales affirmée plutôt qu'établie par le dogme catgolique, et leur solidité réalisable (seul objet que puisse se proposer le législateur moderne), une sorte de terrain neutre où l'État dispose sans autre précaution que celle du bien public... Ils n'ont fait que reprendre l'œuvre du Conseil d'État de 1803 ratifiée par l'expérience accomplie en France de 1804 à 1816, et démontrée saine, efficace et moralisatrice par le spectacle de toutes les grandes nations du monde qui, ayant trouvé le divorce dans leurs institutions originaires, ont pris soin, non de l'abolir, mais de le réglementer avec sagesse, ne voyant en lui ni un bien, ni un mal, mais le remède d'un mal auquel toute la société a le devoir de parer. »

DEUXIÈME PARTIE

ÉTAT ACTUEL DE LA QUESTION

CHAPITRE PREMIER

LÉGISLATION COMPARÉE

Avant d'étudier le mouvement d'opinion qui s'est créé depuis quelques années déjà pour obtenir la modification sur certains points de la loi de 1884, il nous a paru utile de voir rapidement le consentement mutuel comme causes de divorce ou de séparation de corps, dans les diverses législations européennes et américaines.

Certaines législations étrangères n'admettent pas le consentement mutuel parmi les causes de divorce et de séparation de corps ; certaines même, comme celles de l'Espagne, du Portugal et de tous les pays de l'Amérique du Sud qui ont subi l'influence espagnole et portugaise, repoussent le divorce et n'ad-

mettent que la séparation de corps pour causes déterminées.

En Allemagne, en Angleterre, aux États-Unis, en
Russie et en Hongrie, le divorce et la séparation de
corps ne sont admis que pour des causes déterminées.

Par contre, beaucoup de législations étrangères se
sont montrées plus hardies et admettent parmi les
causes de séparation de corps et de divorce, le consentement mutuel avec plus ou moins de restrictions.

1° *Législations qui n'admettent que la séparation
de corps par consentement mutuel*

Brésil, Mexique. — A l'exclusion du divorce, la
séparation de corps peut résulter du consentement
mutuel au Brésil (loi du 24 janvier 1890); au Mexique,
mais seulement à l'expiration de deux ans de
mariage et après deux tentatives infructueuses de
réconciliation (Code de 1884).

Italie. — De toutes les législations qu'il convient
de ranger dans ce groupe, une des plus importantes est incontestablement le Code civil italien du
25 juin 1865, en vigueur depuis le 1ᵉʳ janvier 1866.
D'après les articles 128 à 148 la séparation de corps
est possible, d'abord pour causes déterminées et en

outre par consentement mutuel (art. 158). Aux
termes des articles 158 et 811, le tribunal doit inter-
roger les époux pour s'assurer qu'ils ont la volonté
ferme et sérieuse de se séparer. S'il n'arrive pas à
les réconcilier, il est dressé procès-verbal de l'accord
des conjoints en vue de la séparation de corps. Ce
procès-verbal indique les conditions de cette séparation quant aux époux et quant à leurs enfants.
Cette séparation conventionnelle est très fréquente
en Italie. En 1895, sur 1642 demandes en séparation,
482 reposaient sur le consentement mutuel ; sur ce
nombre 462 furent homologuées; sur les 1160 autres
demandes en séparation, 247 seulement avaient été
finalement admises.

Autriche. — Les articles 103 à 105 du Code civil
autrichien admettent aussi la séparation de corps par
consentement mutuel quelle que soit la religion des
époux. Aux termes de l'article 103 elle est accordée
aux conjoints qui la demandent sous certaines conditions. Ces conditions sont énumérées par les
articles 104 et 105. Un essai de conciliation doit être
tenté par le directeur de conscience des époux qui
doit leur rappeler leurs promesses solennelles au jour
de leur mariage et cela à trois reprises consécutives.
Si ces représentations demeurent sans succès, il leur
délivre un certificat que les époux remettent ensuite
au tribunal, et s'ils confirment devant lui leur accord,
le tribunal se borne à jouer un rôle passif et à homo-

loguer la convention. Il doit seulement s'assurer que
les dispositions conventionnelles prises sauvegardent
suffisamment les droits des enfants. Depuis la loi du
31 décembre 1868, le recours préalable au ministre
du culte n'est plus obligatoire ; si les parties s'en
sont abstenues, c'est le tribunal lui-même qui fait
auprès d'elles, à huit jours d'intervalle, les trois tentatives de conciliation.

2° *Législations qui admettent le divorce par consente-*
ment mutuel en le soumettant à des formalités
judiciaires.

Belgique. — Il en est ainsi en Belgique, où le Code
civil de 1804 est resté en vigueur, avec, par suite, le
consentement mutuel comme cause légale, mais la
pratique en est très rare. En 1900-1901, 1.052 divorces
ont été prononcés, dont 1.034 pour causes déterminées et 18 par consentement mutuel. En 1901-1902,
936 divorces, dont 917 pour causes déterminées et
19 par consentement mutuel. Dans son avant-projet
de Code civil, en 1883, M. Laurent écartait le consentement mutuel pour le divorce et ne le conservait
que pour la séparation de corps (1). Cependant les
commissions officielles de révision du Code main-
tinrent le divorce par consentement mutuel.

---

1. Laurent, *Avant-projet de Code civil*, t. II, p. 17, 19, 66, 68.

Roumanie. — Le Code civil roumain qui repro-
duit un grand nombre des dispositions de notre Code
de 1804, consacre également le consentement mutuel
parmi les causes de divorce qui existe seul à l'exclusion de la séparation de corps (art. 214, 256 et 276
du Code de 1864). Mais ce mode de rupture du lien
conjugal est très rare. Il atteint à peine 1 o/o du
nombre total des divorces. D'autre part les époux
divorcés ne peuvent se remarier.

Suisse. — La loi fédérale du 24 décembre 1874,
en vigueur depuis le 1er janvier 1876, distinguait
trois causes de divorce : 1o les causes déterminées ;
2o possibilité de prononcer le divorce à la demande
de l'un des époux, lors même que celui-ci n'invoque
pas une cause déterminée par la loi (art. 47). « S'il
n'existe aucune des causes de divorce prévues et que,
cependant, il résulte des circonstances que le lien
conjugal est profondément atteint, le tribunal peut
prononcer le divorce ou la séparation de corps. Cette
séparation ne peut être prononcée pour plus de deux
ans. Si pendant ce laps de temps il n'y a pas de
réconciliation entre les époux, la demande en divorce
peut être renouvelée et le tribunal prononce alors
librement et d'après sa conviction. » C'est là le
divorce unilatéral. Enfin : 3o le divorce par consentement mutuel était réglé par l'article 45, sans que
la loi, d'ailleurs, en prononçât le nom : « Si les deux
époux sont demandeurs en divorce, le tribunal le

prononce s'il résulte des circonstances de la cause que la continuation de la vie commune est incompatible avec la nature du mariage. »

En réalité, le plus grand nombre des divorces en Suisse était accordé sur le fondement de ces deux derniers textes. La jurisprudence du tribunal fédéral interprète d'ailleurs l'article 45 d'une manière assez sévère. Il y avait eu en effet des abus. Dans certains cantons, les tribunaux considéraient que le fait même par les deux époux de se porter demandeurs constituait la preuve la plus certaine de la nécessité du divorce et ils avaient une tendance à considérer toujours comme établie l'impossibilité de la vie commune. « Les tribunaux d'un grand nombre de cantons, écrit M. le professeur Mentha, appliquent au procès de divorce les principes ordinaires de la procédure civile et non pas ceux des procès intéressant l'ordre public, c'est-à-dire tiennent toujours pour établis les faits dont conviennent les parties (1). »

Le projet de Code civil suisse rédigé par M. Huber, publié en 1900, tout en reconnaissant des causes déterminées et des causes indéterminées de divorce, propose une réglementation plus sévère. De 1876 à 1900, le nombre des divorces s'était en effet accru

---

1. *Mémoire relatif à la révision de la loi fédérale sur l'état civil, le mariage et le divorce*, p. 11.

en Suisse ; c'est ainsi que sur une population de 3 millions d'habitants, 1.025 divorces furent prononcés en 1900, dont 382 par application de l'article 45, et 263 fondés sur l'article 47. En 1902, ces textes donnèrent lieu respectivement à 361 et 317 divorces sur 1.105, chiffre total de l'année.Il apparaissait souvent que les époux désiraient s'affranchir de leur première union en vue d'en contracter une nouvelle. Dès lors, on a cru découvrir dans les articles 45 et 47, la cause de tout le mal. Ils consacrent en effet le même principe, le second à la requête de l'un des époux, le premier à la demande des deux conjoints. Or, on voulait préciser les causes d'admission du divorce. M. Barilliet, professeur à l'Université de Genève, estimait qu'il « eût été préférable de préciser davantage dans ces deux textes les circonstances dans lesquelles le divorce devait être admis ; car, en présence de l'élasticité des termes dont s'est servi le législateur, on peut dire qu'aujourd'hui il n'y a pas dans tout le droit privé, de contrat qui puisse être aussi facilement résolu ou brisé que le mariage (1) ». M. Alfred Martin montrait le danger de laisser au juge une trop grande liberté en matière de divorce : « Il faut se mettre à la place des juges ; ils ont devant eux des époux qui vivent en très mauvaise intelli-

---

1. Barilliet, *Leçons sur l'état civil, le mariage et le divorce*, 1879, t. I, p, 87.

gence et qui sont malheureux ensemble. Les magistrats se disent qu'un divorce mettra fin à cette situation et qu'il sera accueilli comme un bienfait par l'une des parties, quelquefois par toutes deux ; il est naturel qu'ils ne résistent pas à la tentation et qu'ils prononcent le divorce en se disant qu'ils ne font de mal à personne. On ne peut leur en vouloir beaucoup (1) ». M. Martin demandait par suite l'abrogation pure et simple des articles 45 et 47.

Le Code civil suisse du 10 décembre 1907 a tenu compte, dans une certaine mesure, de ces critiques. Il admet sans doute, comme la loi fédérale de 1874, des causes déterminées et indéterminées. Les causes déterminées sont d'abord les quatre qui figurent dans notre Code, plus trois autres qui sont : la folie incurable aux dires d'experts, l'abandon malicieux et l'atteinte à l'honneur. Mais il faut (art. 139 et 141) que la vie commune soit devenue insupportable au demandeur pour qu'il puisse arguer de ces faits pour obtenir le divorce. Les causes indéterminées sont définies dans l'article 142, mais avec une formule qui est plus rigoureuse que celle de l'ancien article 45 de la loi de 1874. Le texte autorisait en effet le divorce par consentement mutuel, si la continuation de la vie commune paraissait incompatible avec la nature

---

1. A. Martin, *Commentaire de la loi fédérale concernant la loi civile et le mariage*, 1897, p. 207.

du mariage. Le texte nouveau, article 142, décide
que chacun des époux peut demander le divorce
« lorsque le lien conjugal est si profondément atteint
que la vie commune est devenue insupportable ».
Cette rédaction, assurément susceptible d'une interprétation moins large que celle de la précédente, a
paru de nature à écarter les demandes insuffisam-
ment motivées et à réfréner la complaisance exces-
sive des juges. Tel était déjà le sentiment de M. Huber
dans « l'exposé des motifs de l'avant-projet (t. I,
p. 122 à 124) sur l'article 164, qui est devenu ensuite
l'article 142 définitif. « Il est des situations dans lesquelles le lien conjugal est bien plus profondément
atteint que dans le cas d'une cause déterminée de
divorce, et qui cependant ne rentrent pas dans l'une
de ces causes. A cet égard, la loi doit renfermer un
texte qui autorise le divorce. La seule question à discuter est celle de savoir en quels termes la cause
générale doit être formulée. La loi actuelle lui consacre deux articles, 45 et 47. Le premier emploie la
formule « si la continuation de la vie commune est
incompatible avec la nature du mariage », et le second
dit : « si le lien conjugal est profondément atteint ».

L'article 45 institue une action en divorce introduite par les deux époux, l'article 47 règle l'hypo-
thèse d'une demande émanant d'une seule des parties. La jurisprudence est dans ce domaine d'une
incertitude telle, qu'il est de toute nécessité de lui

donner une assise plus solide par un nouveau texte.
Le projet cherche à atteindre ce but en condensant
tout d'abord les deux formules en une seule... Cette
solution ne facilite pas le divorce en regard du droit
actuel, mais elle marque plus clairement que la
demande introduite par les deux conjoints doit être
aussi bien fondée que celle émanant d'un seul, ce qui
était considéré comme douteux à raison des formules
divergentes des articles 45 et 47 de la loi de 1874 ».

Désormais les mariages ne pourront plus être
rompus pour consentement mutuel que s'il y a impossibilité radicale de la vie commune. Dès lors la
demande intentée par les deux conjoints devra repo-
ser sur un fondement certain et sérieux. On a con-
testé cependant l'efficacité de cette précaution et
M. Maxime Leroy a écrit dans *la Revue de Paris* que
la nouvelle législation suisse accordait des concessions importantes aux partisans du divorce : « On
peut affirmer que nous allons vers des temps où la
désunion sera aussi facile que l'union, le Code suisse
nous donne le premier terme de l'évolution qu'a
prévue Portalis en 1804 (1). »

Le Code suisse décide, par une heureuse innovation, que l'action peut tendre soit au divorce, soit
à la séparation de corps (art. 143), tandis que la

---

1. Maxime Leroy, *L'Avant-projet du Code civil suisse (Revue
de Paris*, n° du 1ᵉʳ décembre 1902, p. 659).

loi de 1874 obligeait le juge à prononcer le divorce. Elle tolérait bien sans doute une séparation de corps mais à titre de mesure provisoire ordonnée d'office pour une durée de dix mois à deux ans, en vue de laisser aux époux le temps de la réflexion. Le législateur a voulu ainsi donner satisfaction aux régions catholiques de la fédération.

3° *Législations qui exigent une séparation de corps préalable au divorce par consentement mutuel*

Pays-Bas. — Le Code civil de 1838 pour les Pays-Bas établit quatre causes de divorce : adultère, abondon malicieux, condamnation à plus de quatre ans de prison, blessures graves ou sévices de nature à mettre la vie en péril. A lire l'article 263, il semblerait que le divorce par consentement mutuel est impossible en Hollande, ce texte portant que ce mode de divorce n'est pas admis ; mais, malgré cette prescription textuelle, cette forme de divorce existe en fait, et elle est régulièrement organisée. Elle s'opère par voie de conversion de la séparation de corps en divorce. C'est ce qui résulte des articles 255 à 261. La séparation de corps dans ce pays existe à la fois pour cause déterminée et par consentement mutuel ; la séparation basée sur ce motif s'obtient facilement ; les époux, après en avoir réglé entre eux toutes les conditions, présentent ensemble leur demande au tribunal du domicile commun ; une nouvelle comparution a lieu à six mois d'intervalle et six mois après, le tribunal ayant pris l'avis des proches parents des époux statue ; or, de quelque façon qu'elle ait été obtenue, il est toujours possible au conjoint de changer en divorce, d'un commun accord, la sépation de corps qui existait entre eux à la condition qu'elle ait duré cinq années. Il y a donc une véritable contradiction dans le Code civil des Pays-Bas. M. Laurent rapporte d'ailleurs que les époux recourent assez rarement à cette conversion. C'est ainsi qu'en 1895 les conversions n'auraient été qu'au nombre de 12 pour 420 divorces.

Autriche. — En Autriche, le divorce n'existe que pour les non catholiques, les israélites et pour les personnes qui n'appartiennent à aucune religion. Pour ces personnes le divorce est possible soit à raison de causes déterminées, soit pour aversion dont elles doivent d'ailleurs faire preuve aux termes de l'article 115 du Code de 1811. C'est là une sorte de consentement mutuel. Lorsque deux époux non catholiques sont amenés par une aversion invincible à demander la dissolution du lien conjugal, le Code leur impose une séparation de corps provisoire et préalable, dont la dureté varie suivant les circonstances et qui ne doit pas être moindre d'une année. Ce sera seulement à l'expiration de ce délai d'épreuve que le divorce pourra être prononcé. Les articles 133 à 135 du même Code consacrent formellement le consentement mutuel pour les israélites. Ce genre de divorce est organisé d'une façon moins stricte que pour les non-catholiques. Après trois tentatives infructueuses devant le rabbin, celui-ci remet aux époux un certificat qui doit être présenté aux juges du district. L'épreuve de la séparation de corps temporaire est alors simplement facultative et ce divorce peut être immédiatement constaté (art. 132 à 134). L'interdiction du divorce catholique a inspiré au législateur la crainte que, chez ces derniers, la solidité des convictions religieuses ne cède devant le désir de divorce, de telle sorte qu'ils pourraient toujours se convertir à une autre religion en vue d'arriver à ce résultat. Aussi a-t-il posé en principe qu'un catholique converti à une autre religion ne peut divorcer, ce qui a inspiré à M. Lyon Caen les justes réflexions suivantes : « La liberté des conversions religieuses qui est une dépendance de la liberté de conscience est reconnue par les lois constitutionnelles. Le législateur n'a pas le droit de rechercher les motifs des conversions. La loi autrichienne méconnaît ces idées élémentaires en prohibant le divorce entre les époux qui, catholiques lors de la célébration du mariage, ont cessé de l'être (1). » Il

---

1. Lyon-Caen, *Études sur le divorce en Autriche* (*Bulletin de la Soc. de législation comparée*, 1882, p. 489).

convient de noter toutefois que le juif converti au catholicisme peut divorcer et se remarier.

Enfin dans les cas où la séparation de corps est prononcée par consentement mutuel, il n'y a pas à proprement parler de jugement, le tribunal procède à une simple homologation de l'accord intervenu entre les parties.

D'après M. Laurent, la grande majorité des divorces des non-catholiques est dû au consentement mutuel. Ainsi en 1899, 156 divorces eurent lieu entre israélites, sur lesquels 112 par consentement mutuel et 44 furent prononcés entre chrétiens non-catholiques, dont 28 pour aversion implacable.

Danemark et Norvège. — Dans ces deux pays le divorce est possible d'abord pour cause déterminée ; il peut être en outre accordé par décret royal ; mais il est alors toujours précédé d'une séparation de corps demandée par les deux époux d'accord entre eux, après une tentative de réconciliation non suivie de succès devant le pasteur. La séparation de corps accordée non par jugement mais par décret administratif est le plus souvent temporaire : après l'expiration de trois années, elle est convertie en divorce à la requête des deux époux par rescrit gouvernemental (loi norvégienne du 18 octobre 1811 et ordonnances danoises du 30 avril 1824 et du 30 avril 1827).

Suède. — Enfin en Suède (Code de 1734 et loi du 17 avril 1810) on distingue les causes primaires et

secondaires. Les premières sont l'adultère, l'abandon
malicieux, l'absence prolongée pendant plus de six
ans, la démence, maladie contagieuse ou incurable
quand le conjoint malade a dissimulé son état. Ces
causes autorisent une demande en divorce devant le
tribunal : les secondes rendent admissible une
demande en divorce par requête au roi en conseil
des ministres. Cette requête invoquera la divergence
de caractère et d'opinion assez grave entre les deux
époux pour avoir engendré l'aversion ; c'est l'incompatibilité d'humeur qui correspond à un véritable
divorce par consentement mutuel ; mais la demande
n'est accueillie que si elle a été précédée d'une séparation de corps ayant duré trois ans. Le roi n'étant
lié par aucune règle spéciale, prononce en pareil cas
de véritables divorces par consentement mutuel. Ce
nombre s'est élevé en 1900 à 120 pour 405 divorces.

Guatémala. — Il y a également un pays améri-
cain le Guatémala qui, par la loi du 12 février 1894,
admet le divorce par consentement mutuel, à la
condition qu'il soit précédé d'une séparation de corps.
Celle-ci est elle-même soumise à certaine restriction :
demandée pour consentement mutuel, elle ne peut
être accordée qu'après cinq ans de mariage (art. 8),
et la demande en divorce n'est admissible qu'après
une année depuis le jour où le jugement pronon-
çant la séparation de corps est devenu exécutoire
(art. 7).

Les législations qui ont admis le divorce ou la séparation de corps par consentement mutuel ont donc toujours institué des garanties de délai ou de formes pour éviter des abus, et il semble que ces garanties sont, en général, suffisantes, pour maintenir à l'institution toute sa moralité.

CHAPITRE II

EXTENSIONS APPORTÉES A LA LOI DE 1884 PAR LA JURISPRUDENCE ET LES PRATICIENS

Le divorce par consentement mutuel, malgré les garanties prises pour empêcher les abus, parut suspect aux législateurs de 1884, qui se refusèrent à en voter le rétablissement.

Mais les tribunaux appelés à prononcer le divorce se trouvèrent en présence de causes déterminées, dont l'une, par l'imprécision des termes, devait servir à étendre considérablement la portée de la loi. C'est l'injure grave.

L'absence de définition dans les textes de ce qu'il faut entendre par injures permet toujours aux intéressés de saisir la justice d'une demande en divorce que les tribunaux et en dernier ressort les cours d'appels ont à apprécier souverainement. Dans l'acception ordinaire, à prendre le sens où il est employé dans la langue courante, le mot injure désigne des paroles, des écrits, des actes de nature à blesser celui à qui ils sont adressés, à l'atteindre dans son honneur et dans la considération dont il jouit. L'injure suppose visée la personne atteinte et par conséquent est un élément intentionnel. De l'injure ainsi comprise on trouve d'innombrables applications dans les arrêts et jugements. Le rôle du juge consiste à apprécier, suivant les circonstances et le milieu social auquel appartiennent les conjoints, s'il y a gravité suffisante de l'injure, pour entraîner le divorce.

Mais à côté de cette première catégorie d'injures pour lesquelles aucun doute n'est possible, parce qu'il y a ce que l'on peut appeler injure directe, c'est-à-dire volonté d'atteindre le conjoint, parce que cette atteinte à l'honneur du conjoint est le but poursuivi à titre principal et même unique, il y a des injures que l'on peut qualifier d'indirectes. L'auteur de l'acte n'a pas eu pour but principal de nuire à son conjoint, la pensée ne s'est peut-être pas présentée à son esprit que sa conduite pouvait porter préjudice au conjoint. Celui-ci n'est atteint que par contre-coup, parce que l'honneur de l'auteur de l'acte se trouve entaché et que la solidarité du mariage veut que ce déshonneur rejaillisse sur l'époux innocent. Y a-t-il là une cause de divorce, en supposant que le préjudice moral causé au conjoint présente une sérieuse gravité ? Peut-on, sans fausser le sens des mots, admettre qu'il y ait une double notion d'injure ? L'injure subjective dans laquelle intervient l'élément

intentionnel, l'injure objective pour laquelle on s'en
tient à l'effet produit indépendamment de toute
recherche d'intention.

On peut constater l'existence de deux courants
dans la jurisprudence, l'un favorable à la notion
restrictive d'injure, l'autre favorable à la notion
extensive ; l'un s'attachant aux intentions de l'auteur
de l'acte, l'autre ne voyant que l'effet produit.

La première interprétation semble bien être celle
que les auteurs de la loi voulaient lui voir donner,
cependant la seconde conception de l'injure est de
beaucoup la plus répandue, celle que consacre les
arrêts de beaucoup les plus nombreux. On peut
citer comme résumant le plus nettement cette seconde
opinion un arrêt de Toulouse du 31 décembre 1888
(S. 88. 2. 61) : « Attendu que le mariage entraîne une
solidarité d'honneur et de devoir, que l'un des époux
ne peut encourir une flétrissure sans qu'elle s'étende
au conjoint vis-à-vis duquel elle constitue dès lors
la plus grave des injures... »

Grâce à l'interprétation très large donnée aux mots
« injures graves », la jurisprudence a fait entrer dans
la première catégorie d'injures l'abandon du domicile conjugal, le refus de cohabitation, le refus volontaire du devoir conjugal qui, dans le mariage, est une
conséquence du devoir de cohabitation, le refus
pour le mari de recevoir sa femme. Il y a injure
grave dans cette première catégorie de faits, parce

qu'il y a manquement par l'un des époux à l'une
des obligations que la loi impose aux conjoints. Le
manquement est par lui-même une injure à l'égard
de l'un des époux du moment qu'il est reconnu résulter de la volonté libre de l'autre. L'injure réside
dans le fait même.

D'autres faits que la jurisprudence considère comme
injures graves entrent dans la seconde catégorie. Il
peut arriver que dans l'exercice de sa profession l'un
des époux commette un acte qui constitue un manquement au devoir professionnel, et qui ait pour lui
des conséquences fort graves, ou que dans sa vie
privée il commette vis-à-vis de tiers des fautes ou
des délits. Dans ces hypothèses il y a une faute qui
se place en dehors des rapports des époux, qui est
étrangère à la vie conjugale. La jurisprudence a
cependant fourni maintes décisions qui admettent
des demandes en divorce basées sur ces faits, et les
applications les plus fréquentes ont été faites à l'occa-
sion de condamnations correctionnelles.

La jurisprudence, en interprétant d'une façon aussi
large la loi de 1884, en a modifié considérablement
l'esprit ; elle a substitué au divorce pour causes déterminées, le divorce pour causes indéterminées.

Mais à côté de ce développement de la jurisprudence qu'il faut approuver à certains points de vue,
une pratique est née qui modifie complètement la loi
de 1884. Nous voulons parler des divorces pris

d'accord; ces divorces d'abord assez rares au début ont peu à peu pris une extension assez considérable, et l'on peut dire aujourd'hui, sans crainte d'être démenti, que si le divorce par consentement mutuel n'existe pas en droit, il existe en fait.

Un premier procédé qui est très simple consiste pour l'un des époux qui aura abandonné le domicile conjugal à faire à son conjoint une sommation d'avoir à le recevoir au domicile conjugal. Ce dernier refusera, en ayant soin de dicter à l'huissier chargé de faire la sommation une réponse injurieuse pour son conjoint. Cette sommation peut être répétée dans la quinzaine ou accompagnée d'une lettre injurieuse, et avec ces documents dans son dossier un avocat est sûr d'obtenir le divorce. Il faut, il est vrai, que les magistrats n'approfondissent pas trop les faits; mais comme les Chambres du tribunal civil de la Seine chargées des demandes en divorce ont à leur rôle un nombre considérable d'affaires, il est bien rare qu'une demande présentée dans ces conditions ne soit pas acceptée.

Un second procédé qui est encore souvent employé consiste à simuler un adultère. Il existe à Paris des agences spéciales qui se chargent de ces sortes d'opérations. Ce procédé est moins employé que le premier, car il reste toujours dans les attendus du jugement une constatation officielle d'un fait qui bien que faux pourrait par la suite causer un préjudice à celui des conjoints qui aurait été condamné.

Par contre il arrive souvent que l'un des époux vit en concubinage, sans qu'il soit possible d'arriver à faire procéder officiellement à un constat d'adultère en raison des heures tardives où l'époux coupable rentre à son domicile extra-légal, et en raison surtout de la mauvaise volonté que le Parquet en général et les commissaires de police en particulier montrent pour ces sortes d'opérations. On arrivera facilement dans ce cas à un divorce d'accord en prenant un rendez-vous pour un constat d'adultère ; il n'y a pas évidemment simulation d'adultère, puisque le délit existe réellement, mais il y a un accord de volonté pour rompre les liens de la première union, qui transforme en divorce par consentement mutuel un divorce pour adultère que l'on n'aurait peut-être pas pu obtenir en invoquant ce délit, faute de preuve.

Tous ces procédés ont encore pour eux de sauvegarder les apparences, et les magistrats qui prononcent des divorces ainsi truqués peuvent toujours appuyer leur décision sur des faits qui aux termes de la loi sont suffisants pour faire prononcer le divorce et qui leur sont tout au moins matériellement prouvés. Le seul reproche que l'on pourrait leur faire sur ce point, c'est de ne pas assez approfondir chaque cause ; mais ils ont par contre comme excuse le manque de temps matériel. En l'état actuel les

magistrats ne peuvent instruire convenablement
chaque affaire et ils sont obligés de s'en rapporter
aux pièces du dossier ou aux affirmations éloquentes,
mais intéressés des avocats.

Mais par contre nous avons vu souvent des
divorces prononcés sur des dispositifs, et là les magistrats n'ont pas la même excuse. Il existe en procédure une pratique qui rend des services considérables, surtout dans les tribunaux encombrés comme
le tribunal de la Seine, c'est le jugement d'accord.
Lorsque deux parties en procès tombent d'accord
pour le terminer dans des conditions déterminées,
l'avoué du demandeur rédige le dispositif du jugement, c'est-à-dire la partie qui, théoriquement, devrait
être rédigée par le tribunal ; tous les avoués en cause
signent ce projet de jugement qui est transmis au
tribunal avec les pièces à l'appui.

Un jugement est rendu immédiatement conforme
au projet. C'est un moyen de gagner un temps pré-
cieux et d'obtenir une solution conforme à l'intention des parties. Mais ce moyen ne peut être employé
que pour des contestations ordinaires ayant pour
but des questions pécunaires ou la réglementation
d'un droit susceptible de faire partie d'un patri-
moine.

Cependant ce moyen est aussi employé en matière
de divorce. C'est le divorce par consentement mutuel
à peine déguisé. Les parties sont d'autant plus pous-

sées à se servir de ce procédé qu'il permet de régler à l'amiable toutes les questions pécuniaires qui seront soulevées par le divorce.

On peut obtenir dans cet espèce de marché, des avantages considérables que l'on n'obtiendrait jamais légalement.

Nous avons vu notamment un divorce pris d'accord où le mari pour obtenir le consentement de sa femme s'engagea à lui verser une somme de 100.000 francs, avant le prononcé du jugement, alors que la part de la femme dans la liquidation de la communauté aurait été de beaucoup inférieure, toute la fortune appartenant au mari.

Dans un autre cas nous avons vu prononcer un divorce d'accord sur des pièces qui auraient dû sembler suspectes à juste titre ; la seule pièce du dossier du mari consistait en une photographie sur aquelle étaient représentés en médaillon sa femme et son amant, avec cette mention « à mon cher petit A..., en souvenir de notre voyage à... » Cette pièce aurait pu être facilement truquée et il aurait semblé logique que les magistrats se montrassent très difficiles pour l'admission de cette demande. Il n'en fut rien ; le divorce fut prononcé sur dispositif sans la moindre objection.

A qui revient la faute de ces pratiques ? En première ligne aux magistrats qui ne devraient jamais admettre un divorce d'accord. Ces deux mots assem blés ont quelque chose d'insolite ; étant donné l'état de notre législation,une demande en divorce devrait toujours être étudiée avec un soin tel qu'on ne puisse tourner que très difficilement la loi. Au contraire les magistrats semblent nous inciter par la manière aimable et satisfaite avec laquelle ils accueillent ces jugements d'accord, à les faire entrer de plus en plus dans la pratique.

Mais à côté de cet état d'esprit des magistrats qui ne révèle chez eux que le désir de voir diminuer le nombre des affaires inscrites à leur rôle et par là même leur travail matériel, il y a l'état d'esprit des auxiliaires de la justice (avocats, avoués) et l'état d'esprit des clients eux-mêmes.

L'intérêt particulier des avocats et des avoués en matière de divorce est d'obtenir des solutions rapides, et comme conséquence des honoraires plus élevés. Lorsqu'un client décidé à former sa demande, s'adresse à son avoué, il a déjà balancé dans son esprit ce qu'il peut perdre ou gagner à un divorce, et il est généralement fermement résolu dans son intention. (On en voit la preuve dans le nombre infime des conciliations opérées par le président du tribunal lors de la tentative de conciliation). En cet état d'esprit il n'a qu'un désir, c'est d'obtenir une solution rapide, avec le moins de scandale possible et des frais très réduits. Il vient alors tout naturellement à l'avoué l'idée d'un divorce d'accord, et s'il n'y a pas impossibilité matérielle, c'est dans cette voie que l'on aiguillera la demande. Par ce procédé l'affaire au lieu d'être solutionnée en un an ou deux, peut être terminée en six mois. De plus il n'y a pas besoin pour les parties de faire présenter avocat, d'où économie de quelques billets de 100 francs. Généralement au cas de divorce d'accord, toute la discussion roule sur les questions accessoires, intérêts pécuniaires, garde des enfants.

Les parties se rendent peu compte de l'illégalité de cette procédure qui leur semble toute naturelle ; et c'est un point qui nous a frappé de voir que leur esprit est porté à accepter comme une chose normale ce divorce par consentement mutuel.

Mais à notre avis le fait est encore bien plus frappant en matière d'assistance judiciaire. Là, nous nous trouvons en présence de clients qui représentent la masse et leur opinion reflète par là même celle de la plus grande partie du pays, de la partie il est vrai la moins développée au point de vue intellectuel, mais de celle qui représente peut-être le mieux le bon sens et l'esprit pratique du peuple français.

Les décisions en matière d'assistance judiciaire sont rendues le plus souvent par défaut. En 1902, sur 2.168 divorces, 1.773 ont été prononcés par défaut, 395 contradictoirement, et sur ces 1.773 demandes par défaut, 78 seulement ont été rejetées. Ces jugements par défaut sont presque tous des

jugements par consentement mutuel. Les demandeurs établissent il est vrai des faits qui sont de
nature à faire prononcer le divorce à leur profit,
mais nous estimons que le fait par l'autre conjoint
de ne pas se défendre, est un consentement tacite
au divorce, car dans bien des cas, il lui serait très
facile de démontrer l'inanité des griefs invoqués
contre lui. Combien de fois avons-nous vu des clients
d'assistance qui nous étaient envoyés pour des
défenses à demande en divorce, nous dire lorsque
nous leur expliquions que le fait par eux de se
défendre ferait durer l'instance beaucoup plus long-
temps, que ce qu'ils désiraient c'était obtenir le
plus rapidement possible le divorce et qu'il leur
importait peu de le voir prononcer contre eux, bien
qu'ils aient de nombreuses preuves pour l'obtenir à
leur profit.

C'est là encore un moyen d'obtenir un divorce
par consentement mutuel. On fait défaut. La procédure est beaucoup plus rapide, et il est beaucoup
plus facile de faire la preuve des faits articulés.

Il nous semble que cette extension donnée par la
jurisprudence à la loi de 1884, et les moyens pratiques employés pour tourner la loi répondent à un
besoin, et c'est avec raison que dans sa préface au
livre de M. Rol sur « L'évolution du divorce »,
M. le Dr Toulouse a écrit : « L'affranchissement du
mariage hors des liens sans logique et sans humanité

rencontre un appui ferme et inattendu pour plusieurs cas dans le juge qui, par l'effort de ces décisions quotidiennes, transforme insensiblement la
matière légale... La jurisprudence ne fait que tra-
duire le sentiment public. Elle érige en coutume les
habitudes d'esprit de la foule, elle organise de la
sorte et indique la besogne législative qui vient simplement arrêter pour un temps les formes exté-
rieures des mœurs nouvelles. »

CHAPITRE III

TRAVAUX EXTRA-PARLEMENTAIRES ET LÉGISLATIFS

Travaux extra-parlementaires. — En présence de la progression manifeste des divorces, certains esprits n'hésitent pas à critiquer le principe même du divorce (1) qui tend à corrompre les mœurs matrimoniales par la fréquence des dissolutions. Il faut reconnaître pourtant que les partisans actifs de l'indissolubilité du mariage sont de plus en plus rares, et que le divorce est maintenant trop solidement entré dans nos mœurs pour qu'on puisse espérer l'en voir disparaître.

Une tendance toute contraire s'est même fait jour dans la littérature et dans la presse en faveur d'une extension du divorce; au théâtre nous avons eu *les Tenailles* de Paul Hervieu et *le Cœur et la Loi* de Paul et Victor Margueritte. Des articles d'hommes

---

1. Discours de M. Morizot-Thibault en faveur de l'indissolubilité du mariage. Congrès de la Société d'économie sociale, séance du 3 juin 1901.

éminents ont paru dans les revues. Mais parmi les plus ardents partisans de la réforme il faut citer à part MM. Naquet, Paul et Victor Margueritte et Henri Coulon. Ces derniers ont publié chacun une brochure où ils exposent leurs idées et les précisent en un projet complet de législation du divorce que nous allons examiner rapidement. M. Magnaud adressa également aux Chambres sous forme de pétition un projet de loi sur le divorce.

Le projet de loi de MM. Paul et Victor Margueritte (1) se compose de 53 articles, répartis en six chapitres et qui remplaceraient entièrement le titre VI du Code civil. Il fait donc table rase du système actuel et en reconstitue un nouveau qui est le suivant :

Le divorce peut avoir lieu soit du consentement des deux époux, soit par la volonté d'un seul. Dans le premier cas, il peut être prononcé pour cause déterminée ou sans cause déterminée.

En tous cas, c'est un tribunal arbitral qui décide de la rupture du lien conjugal. Les tribunaux civils sont seulement compétents pour trancher les contestations relatives à la garde des enfants, aux pensions alimentaires et à la liquidation du régime des biens.

---

1. P. et V. Margueritte, *l'Élargissement du divorce*, novembre 1902. Plon-Nourrit et Cⁱᵉ éditeurs.

Le tribunal arbitral est composé de trois membres,
amis des époux, gens mariés ou l'ayant été, âgés de
plus de vingt-cinq ans, qui se réunissent à la mairie
au jour fixé par le maire.

Pour divorcer par consentement mutuel, les époux
doivent préalablement régler entre aux toutes les
questions d'intérêt et de garde des enfants, et dépo-
ser au secrétariat de la mairie les pièces constatant
leur accord sur tous ces points, ainsi que leurs actes
de naissance et de décès de tous les enfants issus
de leur mariage.

Ils se présentent ensuite au jour fixé, ensemble et
en personne devant le tribunal arbitral et lui font
déclaration de leur commune volonté. Cette déclaration est renouvelée dans la première quinzaine
des septième et treizième mois.

Si les époux persistent dans leur résolution, le
tribunal arbitral, soit dès la seconde déclaration,
soit après la troisième, donne un certificat constatant que « les prescriptions légales ayant été
observées, il y a lieu de prononcer le divorce par
consentement mutuel au profit des deux époux ».

Sur le vu de cette pièce et sous huitaine, l'officier
d'état civil est tenu de prononcer le divorce et d'en
dresser acte sur le registre d'état civil.

Le président du tribunal rend ensuite exécutoires,
sur simple requête, les mesures prises au préalable
et d'un commun accord par les époux.

Le divorce par la volonté d'un seul pour cause déterminée n'est autre que notre divorce actuel, mais la liste des causes est considérablement augmentée. Le projet en indique seize et ajoute même que l'énumération n'est pas limitative et qu'il faut y comprendre « d'une manière générale toute cause non prévue qui paraîtra au tribunal de nature à atteindre profondément le lien conjugal ».

Le tribunal arbitral procède d'abord à un essai de conciliation, puis autorise à citer l'époux défendeur et les témoins, et prononce enfin sa décision.

Si le demandeur n'invoque aucune cause déterminée, il doit notifier à son conjoint, par lettre recommandée, son intention de rompre le mariage et l'appeler devant le tribunal arbitral. Au jour fixé, le demandeur déclarera devant le tribunal sa volonté de divorcer et réitérera cette déclaration dans la première quinzaine des treizième et vingt-cinquième mois.

Dans la quinzaine du jour où sera révolue la troisième année, le tribunal arbitral délivrera un certificat constatant que les formalités ont été remplies, et, sur la présentation de cet acte, l'officier de l'état civil sera tenu de prononcer le divorce et d'en dresser acte sur le registre d'état civil avec inscription en marge de l'acte de mariage.

Les effets du divorce sont sensiblement les mêmes que sous l'empire de la loi de 1884. Il n'est fait aucune distinction à cet égard, entre les divers modes du divorce. La prohibition à l'époux coupable d'épouser son complice n'existe pas.

La séparation de corps est régie par les mêmes dispositions que celles applicables au divorce. Elle sera de droit et immédiatement convertie en divorce, au bout de trois ans, sur simple requête, de l'une ou de l'autre des deux parties, au tribunal civil.

On voit que l'ensemble du projet se rapproche beaucoup du système de la loi de 1792 et donne aux époux les plus grandes facilités de divorce.

M. Henri Coulon, auquel ses travaux sur le divorce donnent toute compétence en la matièrc, a conçu également un projet de loi en 19 articles (1) tendant à instituer le divorce par consentement mutuel.

Son système est un peu différent de celui de MM. Paul et Victor Margueritte, et se rapproche beaucoup de celui du Code de 1804 ; M. Coulon en a gardé le plan d'ensemble et a supprimé seulement plusieurs des garanties dont on avait entouré cette forme de divorce.

Ici, ce n'est pas un tribunal arbitral qui a compétence, mais bien le président du tribunal civil. Les époux se présentent devant lui ensemble et en personne et lui font déclaration de leur volonté en

---

1. *Le Divorce par consentement mutuel,* 1902, Marchal et Billard éditeurs.

présence de deux témoins majeurs de vingt-cinq ans.

Cette déclaration est renouvelée dans la première quinzaine des quatrième, septième et dixième mois.

Dans la quinzaine du jour où est révolue l'année à compter de la première déclaration, les époux, assistés chacun de deux témoins majeurs de vingt-cinq ans, se présentent ensemble devant le président du tribunal.

Après que le juge a fait ses observations, il leur est donné acte de leur réquisition. Le greffier en dresse procès-verbal, au bas duquel le président met une ordonnance portant que dans les trois jours il sera par lui référé du tout au tribunal, en la chambre du conseil, sur les réquisitions par écrit du procureur de la République, auquel les pièces seront, à cet effet, communiquées par le greffier.

Si les parties ont satisfait aux conditions imposées par la loi, le tribunal admettra le divorce et en ordonnera la transcription sur les registres de l'état civil en marge de l'acte de mariage.

De son côté, M. Naquet avait trop de droits au titre de « père du divorce » pour ne pas prendre sa part de la lutte qui s'engageait devant lui. Nous avons vu, au cours de la campagne de 1884, l'évolution suivie par ses idées, ou du moins, par ses propositions, et comment, parti du système de 1792, il en était arrivé par des concessions successives à accepter la loi de 1884. Aujourd'hui ses préférences sont restées ce qu'elles étaient en 1876, elles vont toutes au système de la période révolutionnaire.

Dans un ouvrage très documenté (1) M. Naquet a retracé l'historique de la loi de 1884 ; puis jetant un coup d'œil sur les législations étrangères, il aborde le double problème du divorce par consentement mutuel et par la volonté d'un seul.

La discussion qui revêt trop souvent le caractère d'une lutte politique et religieuse, s'appuie plutôt sur des idées d'affranchissement que sur des considérations d'utilité morale ou sociale

Il est impossible, dit-il, d'enchaîner la liberté des individus, il faudrait, pour cela, admettre l'intervention de Dieu ou de la société. Celle de Dieu est du domaine des consciences ; celle de la société serait inique, à moins d'établir un intérêt de premier ordre, et c'est cet intérêt que M. Naquet conteste.

Aussi, voudrait-il voir instituer non seulement le divorce par consentement mutuel, mais encore le divorce par la volonté d'un seul. Du jour où l'un des époux cesse d'aimer son conjoint, on ne peut pas plus le contraindre à rester enchaîné, qu'on n'aurait eu le droit de le contraindre à épouser une personne qu'il n'aurait pas aimée.

M. Naquet donne son adhésion au projet de MM. P. et V. Margueritte dont il souhaite et espère le succès.

---

1. *La Loi du divorce*, Eug. Fasquelle, édit. 1903.

M. Magnaud dans son projet augmente d'abord
considérablement le nombre des causes pouvant
motiver le divorce en reproduisant le projet des
frères Margueritte ; il introduit ensuite le divorce
par déclaration de volonté unilatérale pour lequel il
exige un délai de trois ans. Enfin pour le divorce
par consentement mutuel. M. Magnaud fait appel aux
juges et non aux arbitres ; il supprime les articles 275
(âge des époux), 276-277 (fixation d'une période en
deça et au-delà de laquelle le divorce ne peut pas
être demandé), 278 (consentement des parents), 297
(délai pour le mariage des époux divorcés) et 305. Il
n'exige que trois comparutions à six mois d'intervalle, le prononcé du divorce devant avoir lieu dans
la première quinzaine du douzième mois à partir de
la première comparution. Enfin, disposition importante, le procès-verbal de non-conciliation, dressé
par le juge lors de la troisième comparution, à tous
les effets d'un jugement définitif et doit être exécuté
comme tel, notamment transcrit sur les registres de
l'état civil. Ce projet, comme on peut le voir par ce
rapide exposé, s'inspire et du Code civil et du projet
des frères Margueritte.

Travaux législatifs. — Ce courant d'idées, auquel
s'est intéressée la société toute entière, qui a trouvé
des adeptes non seulement parmi les juristes, mais
encore dans le monde des lettres, des philosophes et

des économistes, n'a pas laissé les législateurs indifférents.

En premier lieu il faut noter les deux modifications importantes qui ont été apportées à la loi de 1884.

Une première modification a été apportée par la loi du 15 décembre 1904 qui abroge l'article 298 du Code civil et permet au conjoint divorcé d'épouser son complice en adultère.

Cette modification qui a été très critiquée, nous semble cependant utile au point de vue moral et au point de vue social, car elle permet aux deux coupables de se réhabiliter en quelque sorte par une union légitime et d'éviter le concubinage qui résultait presque toujours d'un divorce prononcé pour adultère.

La seconde modification vise la séparation de corps ayant duré trois ans qui pouvait, aux termes de l'article 310 de la loi de 1884 être convertie en divorce ; les tribunaux ayant toute liberté d'appréciation pour prononcer ou refuser la conversion. Dès 1886, en présence des contradictions de la jurisprudence qui ne savait sur quoi se baser pour admettre ou refuser la conversion, M. Naquet présentait une proposition consacrant la conversion obligatoire, mais cette proposition fut repoussée.

En 1893, une proposition de M. Julien eut le même sort et la réforme ne put encore aboutir.

Ce n'est que tout récemment que la campagne menée en faveur de la séparation de corps obligatoire au bout de trois ans amena les Chambres à modifier la loi sur ce point ; par la loi du 6 juin 1908, la conversion est aujourd'hui de droit à la requête de l'un des époux, même du perdant dans l'instance primitive en séparation de corps.

A côté de ces modifications partielles qui ont pu aboutir, le mouvement d'idées que nous avons signalé a donné naissance à différentes propositions visant la réforme complète de l'institution du divorce :

1° *Proposition de loi Morlot.* — Parmi les travaux législatifs, dans l'ordre chronologique, la première proposition de loi est celle de M. E. Morlot, déposée à la Chambre le 15 décembre 1905 (1). Cette proposition qui contient dans l'exposé des motifs la pétition du président Magnaud, a pour objet le rétablissement du divorce par consentement mutuel. M. Morlot expose rapidement les avantages qu'il y aurait à l'adoption du consentement mutuel, mais il est résolument opposé à l'introduction du divorce par la volonté d'un seul : « Cette innovation nous semble, dans l'état des mœurs, prématurée et dangereuse. Nous avons indiqué les scandales auxquels donna lieu son usage dans les législations antérieures ; nous avons vu, d'autre part, qu'aucune législation importante n'a cru à propos de l'établir. Des

1. *J. off.* du 21 avril 1906. Chambre, annexe n° 2863.

objections d'un ordre plus spécial s'élèvent d'ailleurs contre l'introduction du divorce par volonté unilatérale dans le corps de nos lois. Le mariage est un contrat synallagmatique conclu par deux volontés et il ne peut être résolu, en dehors des cas prévus par la loi, que par l'accord de ces volontés. »

M. Morlot apporte au texte du Code civil des modifications importantes ; les articles 275, 276, 277,278 sont supprimés ; de même les articles 297 et 305 ; l'intervention des notaires n'est plus indispensable ; la déclaration faite par les époux est renouvelée une fois seulement dans la première quinzaine du sixième mois qui suit la première déclaration. Enfin, le procès-verbal de non-conciliation dressé par le juge a tous les effets d'un jugement ; c'est en somme le projet de M. Magnaud moins la répudiation.

2° *Proposition de loi Louis Martin.* — Une autre proposition tendant au rétablissement du divorce par consentement mutuel fut présentée à la Chambre des députés par M. Louis Martin, dans la séance du 2 juillet 1906 (1). Pour M. Martin, dès que le divorce existe, il ne paraît guère admissible que la volonté des époux, exprimée et réitérée dans une certaine forme ne soit pas considérée comme une cause de dissolution de l'union conjugale, car il n'en est pas de plus décisive. M. Martin rétablit dans leurs

---

1. *J. off.* Chambre, 1906, annexe n° 164.

grandes lignes les dispositions du Code civil abro-
gées en 1816 (art. 275, 276, 279 à 294 et art. 305,
chap. HI, liv. VI, tit I). Les seuls articles supprimés
sont les articles 277, 278 et 279. La procédure du
divorce par consentement mutuel comporterait cinq
déclarations successives, lorsque les époux ont, le
mari vingt cinq ans et la femme vingt et un ans, et
que le mariage a duré deux ans. Ces cinq déclara-
rations doivent avoir lieu de trois mois en trois
mois devant le président du tribunal, en présence de
deux notaires, et, la dernière fois, de quatre notables
citoyens amis des parties, plus le greffier ; l'homologation est donnée par le tribunal en Chambre du
conseil, le ministère public entendu ; l'homologation
ne peut être refusée que si les conditions requises
d'âge et de procédure ne sont pas réunies. Après
quoi a lieu le prononcé du divorce par l'officier de
l'état civil.

Ce qu'on peut critiquer surtout dans cette proposition c'est la nécessité de déclarations multiples sans
utilité démontrée, et l'obligation de recourir à des
témoins dont la nécessité n'est pas absolument mani-
feste.Enfin,la présence des notaires pourrait,semble-
t-il, être sans inconvénients remplacée par le ministère du greffier qui serait moins onéreux et qui, lui,
fait partie du tribunal. La proposition Morlot avait
sur celle de M. Martin la supériorité d'écarter les
notaires et de réduire à deux le nombre des décla-

rations. Enfin, on n'aperçoit pas pourquoi le consentement mutuel, bon pour le divorce, est mauvais pour la séparation de corps et quelles sont les raisons d'ordre supérieur qui s'opposent à la généralisation de cette cause. De cette manière, un mode nouveau de relâchement du lien conjugal serait mis à la disposition des personnes qui, par suite de leurs convictions religieuses ou pour d'autres raisons, ne veulent pas recourir au divorce. C'est incontestablement se placer à un point de vue un peu étroit que de restreindre ainsi la portée d'une réforme présentée par ses partisans comme socialement utile.

3° *Proposition de la commission nommée pour examiner la proposition de M. Louis Martin.— Rapport de M. Viollette.—* La proposition de M. Martin renvoyée à la commission de la réforme judiciaire et de la législation civile et criminelle y subit d'assez profondes modifications. Il résulte du rapport lu à la Chambre au nom de cette commission par M. Maurice Viollette (1) à la séance du 8 février 1907, que le divorce par consentement mutuel serait possible, aux conditions suivantes : 1° âge de vingt-cinq ans pour le mari et vingt et un ans pour la femme ; 2° ce mode de divorce ne peut être demandé qu'après trois ans de mariage ; 3° il faut que les époux se soient préalablement mis d'accord sur l'inventaire et la

1. *J. off.* Chambre, annexe n° 749.

liquidation de leurs biens ainsi que sur la garde des
enfants, la pension alimentaire et la résidence de la
femme pendant la procédure ; 4° qu'ils introduisent
leur demande dans une comparution devant le président du tribunal, mais sans notaires. D'autre part,
les père et mère ou autres ascendants, dont le consentement n'est plus exigé, doivent assister ou au
moins être appelés à la première comparution où
leur rôle se bornera à celui de conciliateurs ; 5° qu'ils
renouvellent cette comparution trois fois au cours du
temps d'épreuve, qui est porté de un à deux ans ;
6° que le tribunal en Chambre de conseil admette la
régularité de la procédure et prononce le divorce ;
7° qu'il n'y ait pas d'appel.

Finalement, si l'on compare le texte arrêté par la
commission avec le système du Code civil, on con-
state que les conditions suivantes, exigées en 1804,
disparaissent en 1907 : 1° ne pas avoir plus de vingt
ans de mariage et que la femme n'ait pas dépassé
quarante-cinq ans ; 2° la nécessité du consentement
des père et mère ou autres ascendants ; 3° la nécessité de renouveler la dernière comparution devant
le président du tribunal en présence de quatre amis
notables citoyens et âgés de cinquante ans au moins ;
4° l'obligation d'observer les dispositions de
l'article 305, qui attribuaient de plein droit la nue-
propriété de la moitié des biens de chaque époux aux
enfants dès le jour de la première déclaration ;

5° l'obligation de ne pas contracter un nouveau mariage dans un délai de trois ans du jour du prononcé du jugement (art. 297).

La commission estime que les garanties qu'elle accorde sont très suffisantes. Il y a, en effet, des précautions qui sont prises et qu'on ne rencontre pas dans les instances en divorce pour causes déterminées.

C'est d'abord l'obligation pour les candidats au divorce par consentement mutuel de dresser l'inventaire et la liquidation de leurs biens.

Puis les époux doivent se mettre préalablement d'accord sur la garde des enfants et la pension alimentaire due à la femme sans fortune, car c'est là une des occasions de litige les plus fréquentes. Il appartient sans doute au président du tribunal d'apprécier, et ensuite au tribunal d'envisager la manière dont les difficultés relatives à la garde des enfants et à la pension alimentaire doivent être résolues, mais, lorsque les époux sont d'avis de rompre leur union, ils doivent se préoccuper eux-mêmes de toutes les conséquences qui seront la suite de la rupture et régler l'avenir de leurs enfants aussi bien que leur entretien.

Le délai minimum pour divorcer serait de trois ans, auquel il faut ajouter un délai de deux années d'épreuve, de sorte que, finalement, les époux auraient devant eux cinq années de réflexion, et le

divorce par consentement mutuel ne saurait être prononcé au plus tôt que cinq ans après le mariage.
Cette aggravation du Code de 1804 (qui se contentait
de trois ans en tout) paraît légitime à la commission,
comme compensation de la suppression des articles 297 et 305, dont les prescriptions ne semblent
plus d'accord avec les mœurs. C'est là encore une
différence avec le divorce pour causes déterminées,
où l'action peut être introduite le lendemain même
du mariage.

Enfin, au lieu de laisser les époux pendant l'instance
tenir un rôle passif et confier à leurs avoués et
à leurs avocats le soin de s'occuper de toutes les
démarches, le temps d'épreuve de deux ans est, dans le
système de la commission, occupé par trois comparutions qui doivent avoir lieu en personne devant le président ou le juge désigné par lui. Il faudra donc que,
trois fois, les époux soient d'accord pour prendre date
en vue de cette démarche, pour laquelle personne
ne pourra les remplacer. A trois reprises le juge les
invitera à comparer leur vie d'aujourd'hui avec celle
d'hier et profitera du moindre revirement pour
dresser un procès-verbal de conciliation qui anéantira
toute la procédure antérieure.

La commission estime qu'avec ces précautions ne
divorceront que ceux qui seront poussés par des
raisons graves.

Enfin, la commission désireuse de donner satisfaction aux vœux des catholiques et de ne froisser aucune conviction, introduit le consentement mutuel comme cause de séparation de corps.

Ainsi se trouve consacré le divorce par consentement mutuel dans le rapport déposé au nom de la commission de réforme judiciaire par M. Maurice Viollette.

CONCLUSION

———

Tout le monde aujourd'hui après l'expérience faite dans ces vingt dernières années est obligé de reconnaître que le divorce est entré définitivement dans nos lois, et qu'il est impossible de l'en faire disparaître.

Mais il n'est personne, parmi les partisans du divorce, qui ne reconnaisse en même temps les imperfections du divorce actuel, qui n'en blâme le scandale presque obligatoire, l'absurde aléa, les délais ruineux. Puisque seuls divorcent proprement ceux qui se mettent d'accord et trompent la loi, la loi est mauvaise, et il faut la changer.

« Dix-huit ans ont passé depuis la loi de 1884, disent MM. Paul et Victor Margueritte, dix-huit ans pendant lesquels on a pu constater les avantages et les inconvénients de notre divorce, la légitimité de son principe comme les vices de son fonctionnement. L'expérimentation nous montre que Naquet avait raison de le réclamer avec la solution la plus large...

Sur la grande route de la vie l'homme et la femme doivent marcher la main dans la main, courageusement, avec confiance et tendresse, s'épaulant d'un égal dévouement. Souhaitons qu'ils aillent, pèlerins à cheveux blancs, au terme du voyage, jusqu'aux contrées mystérieuses d'où l'on ne revient plus; mais si le malheur veut qu'ils cessent de s'aimer, de se comprendre, s'ils se trompent, s'ils se blessent, s'ils s'outragent, ne les condamnons pas à traîner comme des forçats le boulet de leur double haine. Brisons leurs fers. Leurs consciences, leurs cœurs, leurs chairs ne peuvent être asservis; la route est large; qu'elle soit libre (1). »

Le fait que dans une loi sur l'état des personnes on cherche dans la pratique à tourner cette loi, nous semble un des meilleurs arguments en faveur de la modification de la loi. Le divorce par consentement mutuel, s'il était admis, en l'entourant des garanties nécessaires, donnerait à l'institution du divorce ce quelque chose de propre qui lui manque aujourd'hui. Quoi de plus pénible et de plus dégradant pour deux époux que de se jeter à la figure toutes les ignominies possibles, de rechercher avec un soin minutieux pour s'en faire une arme l'un contre l'autre, tout ce qu'il y a eu de bas et de vil dans leur union, de se voir obligé à dévoiler tous leurs secrets et toutes

1. P. et V. Margueritte, *Mariage et divorce*.

leurs hontes. On ne peut vraiment soutenir que ce soit là un spectacle utile et moral, et que l'institution du mariage se trouverait compromise si deux époux, par leur seul consentement, pouvaient rompre une union qui est devenue pour eux une lourde charge. Cette modification apportée à la loi de 1884, rendrait au divorce la moralité qu'il n'a plus. Le terme même, « le divorce par consentement mutuel » effraie tout d'abord ceux qui tiennent à l'intégrité du mariage. Il leur semble voir les époux libres dès lors de se séparer par un simple caprice, sinon par libertinage. C'est qu'en effet l'expression est inexacte. Le consente-ment mutuel des deux époux ne suffit pas par lui-même pour rompre le mariage; il n'est même pas la cause du divorce, mais bien un indice, une présomp-tion grave qu'il existe des motifs sérieux de désunion entre les époux.

D'ailleurs dans la pratique on voit rarement une demande en divorce qui ne soit absolument fondée en fait. En général on ne divorce qu'à la dernière extrémité; on sent que ce moyen est un remède dangereux que la loi a accordé, mais dont on ne doit se servir qu'avec une grande précaution.

Si par hasard deux époux, pour un motif plus ou moins futile, voulaient divorcer, nous avons vu que les procédés ne leur manquent pas pour arriver à leur fin. Il dépend absolument des époux de faire naître des causes de divorce quand ils sont l'un et l'autre d'accord pour se séparer. L'intention de divorcer est alors antérieure aux faits qui motiveront le divorce !!

Il n'y a donc pas lieu de craindre à notre avis que le divorce par consentement mutuel rétabli dans nos lois ne fasse accroître le nombre des divorces pour des causes peu graves, car on peut voir dès maintenant dans la pratique que les divorces pris d'accord sont toujours basés sur des faits qui, aux termes de la législation actuelle, motiveraient le divorce. Il n'y a que le scandale des débats en moins, et la rapidité de la solution en plus.

« En matière de divorce, les mœurs sont plus puissantes que la loi et en rendant la loi libérale, on ne supprime pas les garanties que nous donnent les mœurs, ces dernières s'exagérant au contraire à mesure que les prétendues garanties légales diminuent.

« Le législateur ne doit pas essayer de diminuer ce que l'expérience de tous les temps a démontré être indéracinable, au risque de tuer le sentiment du respect de la légalité dans les populations, en faisant des lois d'une telle nature qu'elles soient inévitablement violées.

« Si donc le divorce par consentement mutuel n'a pu être empêché, il vaut mieux le reconnaître dans le Code que de se donner la vaine satisfaction de le proscrire en apparence alors qu'on ne le proscrit pas en réalité. »

Les partisans du divorce par consentement mutuel ont souvent donné comme argument en faveur de leur thèse, que le mariage étant un contrat, formé par la seule volonté des époux, doit pouvoir se rompre comme tout autre contrat par la volonté seule des contractants.

Cet argument ne nous semble pas bon. Sans doute le mariage est un contrat, mais c'est un contrat qui intéresse la société tout entière, et dont les formes et les effets doivent être réglés par la loi en raison même de l'utilité sociale de l'institution.

Mais, en allant plus loin et en concédant à certains juristes retors que le mariage est un contrat, on n'avancerait pas d'un pas la solution de la question et on ne servirait pas la cause du consentement mutuel, car un contrat est toujours plus ou moins réglementé, et rien n'empêche le législateur de limiter d'une manière rigoureuse les causes de dissolution, de prescrire notamment l'accord réciproque. Le législateur, tout-puissant dans l'organisation de ce qu'il croit être l'intérêt social, a le droit d'instituer des règles restrictives de la liberté des particuliers et même de supprimer celle-ci, lorsqu'il juge opportun de rendre tel ou tel contrat particulièrement stable.

Mais le divorce par consentement mutuel une fois

admis, comment l'appliquer ? Nous avons vu les
différents systèmes en présence ; celui de la Révolution, repris en partie par MM. Paul et Victor
Margueritte représente le régime de large liberté ;
la loi de 1792 paraît en matière de divorce un modèle
idéal, mais elle ne pourrait être appliquée que dans
une société idéale. Celui du Code de 1804 est émi-
nemment sage et prudent. C'est à lui que vont nos
préférences : d'autant plus que cette législation a été
expérimentée déjà, et qu'elle l'est encore de nos
jours dans les différents qui sont régis par notre
Code civil de 1804. Nous ferons cependant quelques
restrictions sur différentes prescriptions qui sont
peut-être empreintes d'une trop grande sévérité et
tendraient à écarter de ce mode de divorce les époux
même désunis par des causes graves.

L'expérience des nations qui sont encore régies
par les Codes de 1804, nous démontre que les divorces
par consentement mutuel y sont d'une rareté extrême
par rapport au chiffre total des divorces.

Or, quel est le but que nous cherchons à atteindre ?
Nous ne voulons certes point voir augmenter le
chiffre des divorces, nous voudrions plutôt pouvoir
le restreindre, mais dût-il rester le même, nous dési-
rerions du moins que la proportion des divorces par
consentement mutuel fût aussi forte que possible,
puisque nous estimons que ce mode de divorce
serait le plus digne et le moins scandaleux.

On dispense les époux de faire la preuve des causes
qui les désunissent et l'on doit craindre des abus et
s'efforcer de les éviter ; mais il ne faut point par
excès de prudence rendre impraticable une institution dangereuse il est vrai, mais dont les résultats
doivent être bons si elle est sagement organisée. C'est
là qu'est la difficulté ; faire une loi assez sévère pour
rebuter ceux qui ne sont poussés que par des motifs
sans gravité, assez sage et assez facile pour attirer
tous ceux que des causes sérieuses amènent au
divorce et que le souci de l'honneur et de la dignité
éloignent des procès et des enquêtes.

Nous allons reprendre les articles qui formaient le
chapitre III du titre VI du Code civil, en indiquant
les modifications que nous croyons nécessaires pour
le bon fonctionnement de la loi.

On pourrait ramener à vingt et un ans pour les
deux époux l'âge minimun pour demander le divorce
par consentement mutuel ; cette modification serait
conforme à l'esprit de la loi du 21 juin 1907 qui a
fixé à vingt et un ans l'âge exigé des deux époux
pour se marier sans le consentement des parents
après une sommation préalable.

Conformément aux articles 276 et 277 le divorce
par consentement mutuel ne sera admis qu'après
deux ans de mariage et ne pourra plus l'être après
vingt ans ; nous supprimerions l'impossibilité d'user

de ce mode de divorce lorsque la femme est âgée de plus de quarante-cinq ans.

Le consentement des parents nous semble une des meilleures garanties que l'on puisse édicter et nous la maintiendrions. Les articles ayant trait aux conventions entre les époux en ce qui concerne leurs biens, la garde des enfants, le domicile de la femme et la pension alimentaire sont à conserver.

La présence des deux notaires à la comparution devant le président complique inutilement la procédure ; on pourrait facilement la remplacer par celle du greffier qui conserverait les actes en ses minutes et jouerait le rôle imparti aux notaires, par les articles 283 et 284. Enfin nous supprimerions également le renouvellement trimestriel de la demande. Il semble suffisant que les époux comparaissent à nouveau devant le président, en obtenant de nouveau le consentement des parents, au bout du délai d'un an. Ce renouvellement trimestriel de la demande ou plutôt de la déclaration du consentement mutuel au divorce ne peut que rendre impratique la loi, et ne peut à notre avis être d'aucune utilité pour indiquer la persistance de la volonté de divorcer chez les époux. Il y a lieu par contre de maintenir un délai pendant lequel les époux ne pourront se remarier, mais il semble que contrairement à l'article 297, un délai de un an serait suffisant.

Il nous reste maintenant à voir l'article 305 qui

attribue en nue propriété aux enfants la moitié des biens de chacun des deux époux.

Cet article doit à notre avis être supprimé en cas de divorce par consentement mutuel, ou bien maintenu dans tous les cas de divorce. Sans cela la loi vend pour ainsi dire aux époux la faculté qu'elle leur octroie, ce qui est immoral et nous y voyons de plus une raison capitale pour faire échouer la réforme si cet article était maintenu.

L'intérêt des enfants que l'on a souvent mis en avant pour combattre le divorce est le même dans les deux cas : il ne faut pas que l'usage du divorce par consentement mutuel fasse encourir en même temps une déchéance aux époux. Si l'on crée un mode de divorce plus noble et moins scandaleux que la voie des procès, on doit au contraire en favoriser l'emploi.

Nous ne voulons pas terminer cette étude sans dire un mot du divorce unilatéral ou par le consentement d'un seul.

Les partisans de cette réforme font valoir que la personne humaine et inaliénable et que la vie conjugale comporte chaque jour un don de soi trop complet pour qu'elle puisse résulter indéfiniment d'un engagement quel qu'il soit. Que les rapports les plus intimes et les plus sacrés d'un homme et d'une femme qu'unit une ardente affection deviennent des servitudes odieuses et dégradantes dès que l'amour n'y préside plus et que partant nul ne peut s'engager d'aimer toute sa vie.

Que serait une union dont l'un des membres pourrait se dégager quand il lui plairait, sans avoir autre chose à faire qu'à déclarer sa volonté ; quelle différence y aurait-il entre une semblable situation et l'union libre. On se prendrait au gré de son désir et de sa passion, on se quitterait de même. Ce mode de divorce serait injuste et immoral. Il supprimerait tout contrôle de la légitimité d'une rupture puisque les griefs ne seraient même pas énoncés ; il favoriserait l'inconstance et serait un danger perpétuel pour l'harmonie des ménages. Aussi sommes-nous complètement opposé à toute réforme qui tendrait à cette fin.

Le divorce par consentement mutuel tel que nous le proposons est d'une utilité incontestable, et semble répondre à la tendance que l'on voit se manifester dans la pratique par les nombreux détours employés pour annihiler les prescriptions de la loi. S'il s'agit des causes déterminées et prévues par la loi il lève les obstacles qui peuvent rendre le divorce impossible.

Si l'on ne pouvait obtenir le divorce qu'en révèlant les motifs qui le font demander, et en les justifiant par des preuves juridiques, le divorce pourrait devenir impossible, dans le fait, quoiqu'il existât des causes pour lesquelles il est autorisé dans le droit.

L'époux qui voudrait faire usage du divorce, se trouverait souvent arrêté.

Par l'honneur.

Par l'humanité.

Par la difficulté de prouver.

Le système des causes indéterminées fait cesser ces trois obstacles.

« Le jugement qui prononcerait le divorce, (en cas d'adultère) serait déshonorant, s'il était fondé sur des faits prouvés. » (Le Premier Consul procès-verbal du 14 vendémiaire, an 10, t. I, p. 305). « Quel malheur ne serait-ce pas que de se voir forcé à exposer les faits et à révéler jusqu'aux détails les plus minutieux et les plus secrets de l'intérieur de son ménage.

Mais il aurait encore une utilité incontestable pour permettre de rompre le lien conjugal toutes les fois que les faits qui motivent le divorce ne sont pas assez précis pour rentrer dans l'énumération de la loi, mais sont malheureusement suffisants pour rendre l'existence impossible, et nous ne saurions mieux faire pour terminer cette étude que citer l'avis de la Cour de cassation sur le principe du divorce par consentement mutuel.

« L'objet direct du divorce est de remédier aux malheurs domestiques et insupportables des époux. Or, on sait que ces malheurs tiennent le plus souvent non à des faits précis qu'on puisse articuler et prouver, mais à une suite de procédés amers, de contra-

riétés irritantes, de traitements hostiles, d'opposi-
tions de goûts et d'humeurs, de passions inconci-
liables. Vivez quelques jours dans toutes les maisons
que la discorde déchire et que la haine habite, vous
y verrez ou un époux hypocrite qui comble sa com-
pagne d'égards extérieurs sous les yeux des étran-
gers, et qui lui distille le fiel en particulier ; ou une
épouse artificieuse, qui masque ses vices sous le voile
de la décence publique, souvent même sous celui
d'une fausse tendresse, et qui déchire d'autant plus
cruellement le cœur d'un mari estimable, qu'elle sait
lui ôter le droit de se plaindre. La contestation la plus
outrageante, la plus vive querelle n'attend, pour
recommencer que le moment où les témoins sont
écartés. Les enfants seuls, c'est-à-dire ceux-là même
qu'il serait le plus important d'éloigner de ces scènes
de douleurs, soupçonnent et bientôt connaissent des
discordes si scandaleuses et si funestes à leur bonheur,
à leur éducation et à leurs mœurs. Où est le fait
qu'un mari, qu'une femme puissent poser ? où est
celui qu'ils peuvent prouver ? où est celui qu'on peut
juger ? Réduire à des faits précis les causes de la
séparation et du divorce, c'est donc, le plus souvent
ne rien faire ; c'est proposer un remède aux malheurs,
à condition qu'il ne pourra guérir les malheurs les
plus ordinaires, les plus cruels, les plus intolérables. »

TABLE DES MATIÈRES

Vu : Le Président de la thèse,
AMBROISE COLIN
Vu : Le Doyen,
P. CAUWÈS
Vu et permis d'imprimer :
Le Vice-Recteur de l'Académie de Paris,
L. LIARD

IMP. JOUVE ET Cⁱᵉ, 15, RUE RACINE, PARIS